BRYGGEN HUSFLID

NORWEGEN

Norwegen als Land der Sagen und Mythen – der Sonnenaufgang am Selfjord auf der Inselwelt der Lofoten lässt die Natur märchenhaft erscheinen.

MIT BILDERN VON MAX GALLI UND TEXTEN VON JOHANNES HOLZLEITER

INHALT NORWEGEN

Erste Seite:
„Tysk Bryggen" in Bergen wurde 1343 erstmalig als Hanseatisches Kontor erwähnt. Die ehemals 16 lang gestreckten Holzgebäude der „deutschen Brücke" dienten deutschen Kaufleuten bis 1764 sowohl als Lager- als auch in den oberen Stockwerken als Wohnhäuser.

Seite 8/9:
Knapp 30 Kilometer südwestlich von Mandal liegt Kap Lindesnes, der südlichste Punkt des norwegischen Festlandes. Hier wurde 1655 das erste Leuchtfeuer an Norwegens Küste errichtet.

Seite 12/13:
Die Mitternachtssonne im Frühsommer. Besonders intensiv lässt sich dieses Naturschauspiel an der Küstenlinie der Lofoten, wie hier bei Vikten, erleben. Die Dauer des Polartages ist von der jeweiligen Breitenlage des Beobachtungspunktes abhängig.

NORWEGEN – DER „WEG IN DEN NORDEN“

Norwegen ist eines der faszinierendsten Länder Europas. Viele Reisende berichten, dass sie bei ihrem ersten Besuch eine Art Virus befallen haben muss, der sie dazu zwingt, immer wieder den Weg in den Norden zu suchen. Doch woher kommt dieser Reiz, diese Magie des Nordens? Ist es die atemberaubende Natur, die den Besucher durch ihre unbeschreibliche Vielfalt überwältigt und begeistert? Jede menschliche Stimmung scheint ein Abbild in einem der vielen norwegischen Landschaftstypen zu finden. Sei es die heitere Leichtigkeit der Südküste, die bedrückende Atmosphäre eines Nebeltages im Dovrefjell oder die aufwühlende Stimmung eines stürmischen Lofotentages. Die für Mitteleuropäer unvorstellbaren

Seite 14/15:
Auch heute noch stellt die Fischerei die Lebensgrundlage für viele Bewohner der Lofoten dar. Besonders der Dorschfang im Februar wie hier vor Henningsvær verspricht guten Profit.

Selbst im Hochsommer hält sich an den Schattenseiten der spitzen Kämme der Bergketten auf den Lofoten noch Schnee. Das natürliche Ensemble maritimer Landschaft mit einer schroffen Gebirgswelt auf engstem Raum macht den Reiz der Lofoten aus.

Weiten des Landes abseits der Verdichtungsräume entlang der Süd- und Westküste ermöglichen es, Natur pur zu erleben. Die Vielfalt der Landschaftseindrücke reicht von ausgedehnten Wäldern über majestätische Gipfel bis hin zu brausenden Flüssen und glitzernden Fjorden. Stimmungsvolle Fischerorte und historisch interessante Städte, die ihre eigentümliche Atmosphäre bewahrt haben, gehören genauso zu einem umfassenden Norwegenbild. Der Cocktail aus all diesen Eindrücken macht wohl die Magie des Nordens aus, die richtige Mischung der einzelnen Zutaten muss jeder Norwegenbesucher selbst herausfinden. Während einer Wanderung über eine der Fjellflächen in der Rondane oder im Jotunheimen wird der Gegensatz zwischen der Kulturlandschaft Mitteleuropas und der einzigartigen Naturlandschaft Nordeuropas besonders deutlich. Begriffe wie Weite, Einsamkeit, Ursprünglichkeit oder Naturgewalt kommen ins Bewusstsein. Diese Dominanz der Natur spiegelt sich auch stark im Wesen der Norweger wider. Offen, freundlich und ruhig, so wird der Charakter des Norwegers meist gezeichnet. Nichts liegt ihm ferner, als großen Wirbel zu veranstalten.

GRÜSSE AUS DER EISZEIT

Norwegen ist erdgeschichtlich gesehen sehr alt. Vor circa 400 Millionen Jahren, am Ende des Silurs und Anfang des Devons, schmiedete sich ein

Unten:
Trotz der großen Brücke über den Belt führt der schönste Weg nach Norwegen via Fähre über das Wasser. Die mehrstündige Einfahrt nach Oslo durch den Oslograben entschädigt auch für eine stürmische Überfahrt.

neu aufgefalteter Gebirgskörper an die Westseite des Baltischen Schildes. Dieser Vorgang, der als Kaledonische Gebirgsbildung bezeichnet wird, nahm seinen Ausgangspunkt in Schottland, lateinisch „Caledonia". Im Zuge dieser Kaledonischen Gebirgsbildung entstanden die Skanden. Sie wurden namensgebend für Skandinavien und bilden das Rückgrat der Skandinavischen Halbinsel. Die gesamte nordeuropäische Halbinsel wird von diesem Gebirgssystem auf einer Länge von fast 1700 Kilometern durchzogen. Von Kap Lindesnes auf

Oben rechts:
2518 Kilometer sind es vom südlichsten bis zum nördlichsten Punkt des norwegischen Festlandes. Was viele nicht wissen: Rom liegt näher am Kap Lindesnes als das Nordkap.

Rechts:
Stolz sind die Bewohner von Trondheim auf die kleine Festungsanlage Kristiansten aus dem 17. Jahrhundert. Auf einer kleinen Anhöhe im Osten der Stadt erbaut, bietet sie einen schönen Blick auf das 1016 von König Olav dem Heiligen gegründete Trondheim.

57° nördlicher Breite bis zum Nordkap auf 71° nördlicher Breite nimmt dabei Norwegen den größten Teil dieses ausgedehnten Gebirges für sich in Anspruch. Die höchsten Berge Nordeuropas, Galdhøppingen (2469 Meter) und Glittertind (2465 Meter) im Jotunheimen sowie der Snøhetta (2286 Meter) im Dovrefjell, sind hier zu finden. Obwohl die Hälfte Norwegens über 500 Meter hoch liegt und sogar ein Viertel mehr als 1000 Meter erreicht, ist es aber keine Hochgebirgslandschaft, wie man sie aus den Alpen kennt, sondern vielmehr eine ruhige, hochgelegene Mittelgebirgslandschaft, durchsetzt von zahlreichen Plateaus (norwegisch „vidda").

NORWEGEN UNTER EIS

Das heutige Landschaftsbild und die typischen morphologischen Erscheinungen wurden wesentlich durch die Eiszeiten geprägt. Aufgrund einer globalen Abkühlung der Jahresmitteltemperaturen (circa 8 °Celsius tiefer als heute) wurden ausgedehnte Kälteperioden hervorgerufen, in deren Verlauf die Gletscher immer mehr an Mächtigkeit zunahmen. Der Maximalstand wird auf eine Zeit vor rund 300 000 Jahren geschätzt. Berechnungen haben ergeben, dass zu dieser Zeit ein bis zu 3000 Meter dicker Eispanzer über Skandinavien gelegen haben muss. Nur an ganz wenigen Stellen ragten die höchsten Gipfel aus diesem Meer aus Schnee und Eis, deren Bezeichnung „Nunataks" von isländischen Inuits (Eskimos) herrührt. Die Last des Eises wirkte mit einem solchen Druck auf das skandinavische Festland, dass es weit

Eine Querung des Polarkreises mit dem Auto im Winter ist ein Abenteuer. Spikes sind unverzichtbar, häufig werden auch Hauptstraßen wie hier die E 6 in der Nacht gesperrt. Wenn möglich, steigen viele Norweger zu dieser Jahreszeit auf Hunde- oder Motorschlitten um.

unter den Meeresspiegel gepresst wurde, der im Vergleich zu heute 120 Meter niedriger lag. Die gesamte Nordsee war zu dieser Zeit trocken. Man muss sich dieses Gebiet wie eine baumlose Tundra vorstellen, durchzogen von langen Flüssen mit ausgedehnten Moorgebieten und sandigen Heideflächen. Vor circa 15 000 Jahren begann die mächtige Eisdecke, unter der bis dahin Skandinavien seinen Dornröschenschlaf gehalten hatte, aufgrund einer Klimaerwärmung abzuschmelzen. Durch den Druckverlust hob sich das Land. Das frei werdende Wasser führte zu einem Anstieg des Meeresspiegels. Pflanzen, Tiere und schließlich auch der Mensch begannen langsam, den neuen Lebensraum zu bevölkern.

DAS PRÄHISTORISCHE NORWEGEN

Die frühesten Bewohner des Landes kamen vermutlich über die Kolahalbinsel oder über Dänemark und Schweden hierher. Die ältesten Spuren menschlicher Siedlungen stammen aus Komsa (Finnmark) und aus Fosna (Nordmøre). Nach diesen Fundorten wurden die Begriffe Komsa- und Fosnakultur geprägt. Funde primitiver Steinwerkzeuge ermöglichen eine Datierung dieser Kulturen auf die Zeit zwischen 9000 und 8000 v. Chr. Die Zeitspanne von 5000 bis 3000 v. Chr. wird als ältere Steinzeit bezeichnet. Zu dieser Zeit ernährten sich die Menschen noch immer von der Jagd und der Fischerei. Zahlreiche Felszeichnungen („Helleristninger") mit verschiedenen Jagdmotiven sind Zeugnisse dieser Epoche. In der darauffolgenden jüngeren Steinzeit (3000 bis 1500 v. Chr.) begannen die Siedler, Ackerbau und Viehzucht zu betreiben. Die Bronzezeit (1500 bis 500 v. Chr.) beinhaltet eine Weiterentwicklung der Landwirtschaft, ganz besonders der Werkzeuge und Waffen; circa 500 v. Chr. hielt das Eisen Einzug in Norwegen. Während der keltischen Eisenzeit (500 v. Chr. bis 0) nahm die norwegische Bevölkerung wegen einer Klimaverschlechterung deutlich ab. Erst als sich nach Christi Geburt die klimatischen Bedingungen verbesserten, stieg die Bevölkerungszahl wieder an. Von den Auswirkungen der römischen Zivilisation, die zu jener Zeit ganz Mitteleuropa beeinflusste, blieb Norwegen nahezu unberührt.

WIKINGER – MÄNNER AUS DER BUCHT

Ab Mitte des 8. Jahrhunderts spielten die Wikinger (aus dem Altnordischen übersetzt: „Männer aus der Bucht") in der Geschichte Norwegens eine entscheidende Rolle. Um das Jahr 872 besiegt Harald Schönhaar die norwegischen Kleinkönige und wird oberster Wikingerkönig. Erhalten haben sich ihre berühmten Wikingerschiffe, mit denen sie ihre Entdeckungs- und Eroberungsfahrten durchführten, und sehenswerte Häuptlingsburgen. Unter dem Urenkel Harald Schönhaars, Olav Tryggvason, beginnt die Christianisierung um das Jahr 1000 herum. Der fehlgeschlagene Versuch von König Harald Hardråde im Jahre 1066, England zu erobern, gilt als Ende der Wikinger-Zeit.

Die leicht geneigten Hänge entlang des Hardangerfjords bieten hervorragende Voraussetzungen für die Kultivierung von Obst. Durch das klimatisch bedingte langsame Wachstum der Früchte erlangen diese ein unvergleichliches Aroma. Die Kirschblüte Ende Mai / Anfang Juni lockt jedes Jahr zahlreiche Besucher in die Fjordregionen.

Das angehende Mittelalter (1130–1230) brachte das Ende der bisher relativ friedlichen Zeiten im Lande selbst mit sich. Die Aktivitäten der Wikinger waren mehr nach außen gerichtet. Nun kam es zu zahlreichen Bürgerkriegen, die einen weiteren Aufschwung verhinderten. Erst nach deren Ende (1227) folgten zu Beginn des norwegischen Hochmittelalters ein Anstieg der Bevölkerung, zahlreiche Stadtgründungen und eine weitere Konsolidierung der christlichen Kirche. Immer mehr Gebiete Norwegens wurden unter die Herrschaft der Krone und der Kirche gestellt, wodurch auch die Bedeutung der öffentlichen Verwaltung wuchs. Die Einigung Norwegens zu einem einzigen Königreich wurde in dieser Zeit vollzogen. Während des 12. und 13. Jahrhunderts nahm die Machtstellung der Monarchie gegenüber der Aristokratie und der Kirche immer mehr zu. So wurde im 13. Jahrhundert unter der Herrschaft von König Håkon V. das politische Machtzentrum von Trondheim in die neue Hauptstadt Oslo verlagert, während sich in Trondheim weiterhin das geistliche Machtzentrum befand.

DIE UNION MIT DÄNEMARK – „400 JAHRE NACHT"

Um 1350 kam der Schwarze Tod, die Pest, ins Land. Binnen kurzer Zeit sank die ohnehin geringe Bevölkerungszahl um fast 70 Prozent. Pest, Hungersnöte und wirtschaftlicher Verfall sowie eine Übermacht der Hanse führten im Spätmittelalter dazu, dass sich Norwegen dem Nachbarland Dänemark zuwandte. Im Zeitraum zwischen 1319 und 1343 hatte bereits eine Personalunion zwischen Schweden und Norwegen existiert. Durch verschiedene Heiraten zwischen den einzelnen Königshäusern wurde versucht, auch die politischen Bindungen zwischen Dänemark, Schweden und Norwegen zu vertiefen. Håkon VI. (1340 – 1380), Sohn des schwedischen Königs Magnus Eriksson und seiner Ehefrau Ingebjorg, der Tochter von Håkon V., war rechtmäßiger Erbe des norwegischen Throns. Er heiratete Margarethe, die Tochter Waldemars IV. Atterdag von Dänemark. Ihr Sohn Olav wurde 1375 zum dänischen König gewählt. Zu einer Union zwischen Dänemark und Norwegen kam es, als Olav nach dem Tod des Vaters 1380 den norwegischen Thron erbte. Eine lange Zeit der Herrschaft des dänischen Königs mit Sitz in Kopenhagen folgte. Im Verlauf der Geschichte empfanden die Norweger diese Dominanz immer mehr als Unterdrückung und Ausbeutung. Henrik Ibsen sprach daher später davon, dass „400 Jahre Nacht" über Norwegen hereingebrochen seien. Der aufkeimende Wunsch von Seiten der norwegischen Bevölkerung nach nationaler Eigenständigkeit drückt sich unter anderem in dem Aufbau einer norwegischen Bank und einer eigenen Universität aus. Hiermit fing das Nationalbewusstsein gegen Ende des 18. Jahrhunderts an zu wachsen.

Zu dieser Zeit war Dänemark-Norwegen im Napoleonischen Krieg (1807–1814) mit Frankreich verbündet, was zu einer vor allem wirtschaftlichen Isolation Norwegens und somit zu einem starken ökonomischen Niedergang des Landes führte. In der Schlacht von Leipzig (1813) erlitt Napoleon eine schwere militärische Niederlage gegen Schweden. Frederik VI., der dänische König, wurde 1814 im Kieler Frieden als Bündnispartner Napoleons gezwungen, zu kapitulieren und Norwegen an Schweden abzutreten. Somit war die 434 Jahre dauernde Union aufgelöst.

DIE UNION MIT SCHWEDEN

Norwegen sollte nun in Union mit Schweden wieder ein selbstständiges Reich werden und in die Staatengemeinschaft integriert werden. Der schwedische König Karl XIII. räumte Norwegen den Status eines selbstständigen Reiches mit einer eigenen freien Verfassung, mit nationaler Vertretung und eigener Regierung ein. Am 17. Mai 1814, dem heutigen Nationalfeiertag, trafen sich in Eidsvoll (nördlich von Oslo) Abgeordnete zu einer verfassungsgebenden Versammlung. Beeinflusst durch die Ideen des amerikanischen Unabhängigkeitskampfes und der Französischen Revolution sollte eines der Ziele die Souveränität des Volkes sein.

Zunächst wurde über die Verfassung entschieden und diese dann verabschiedet; danach wurde der eigene König gewählt. Die verabschiedete Verfassung wurde zwar von der schwedischen Regierung akzeptiert, dennoch marschierten schwedische Truppen noch im gleichen Jahr in Norwegen ein und zwangen das Land zu einer Personalunion. Eine Zeit des wirtschaftlichen Aufschwungs folgte. Zugleich gab es aber auch eine große Auswanderungswelle nach Amerika.

Nun war in Norwegen die Zeit für eine geistige Erneuerung gekommen. Diese wurde getragen von Literaten wie Henrik Ibsen (1828–1906), Bjørnstjerne Bjørnson (1832–1910), Knut Hamsun (1859–1952) und Sigrid Undset (1882–1949), dem Maler Edvard Munch (1863–1944) und dem Komponisten Edvard Grieg (1843–1907).

Unten:
Mit viel Liebe zum Detail gestalten die Einwohner Åsgårdstrands ihre kleinen weißen Holzhäuser. Der verschlafene Ort diente dem berühmten norwegischen Maler Edvard Munch als Hintergrund zahlreicher seiner Bilder. Auch das Bild „Mädchen auf der Brücke“ entstand hier.

Oben links:
Nur in wenigen Städten Norwegens ist ein vergleichbares Flair zu spüren wie in Trondheim. Neben dem milden Klima tragen sicherlich auch die über 10 000 Studenten der verschiedenen Universitäten und Forschungseinrichtungen maßgeblich dazu bei. Trondheim gilt besonders im Bereich technischer Forschungsschwerpunkte als die Talentschmiede des Landes.

Links:
Ziel vieler Wanderer ist die Hardangervidda („vidda“ bedeutet „Hochebene“). Das Hochplateau wird von mehreren Flusstälern durchschnitten, dem Begnadalen, dem Hallingdal und dem Numedal. Am Westrand des Nationalparks liegt zudem einer der schönsten Wasserfälle Norwegens, der Vøringsfossen.

Unten:
Russische Trawler machen häufig Station in Båtsfjord. Hier wird neben „offiziellem“ Fisch auch sehr häufig „inoffizieller“ Wodka, versteckt in den hintersten Ecken der Schiffe, gehandelt.

DAS KÖNIGREICH NORWEGEN

Die Absicht der Norweger, in ihrem Land den Parlamentarismus einzuführen, hatte eine politische Kontroverse mit Schweden zur Folge. Unblutig, per Volksabstimmung, wurde eine Auflösung der Union beschlossen, die am 26. Oktober 1905 im Vertrag von Karlstadt bestätigt wurde. Das selbstständige Königreich Norwegen war gegründet. Wiederum per Volksabstimmung wurde die Monarchie als Staatsform gewählt. Am 18. November 1905 wurde der dänische Prinz Carl vom Storting zum ersten norwegischen König nach langen Jahren der Abhängigkeit ernannt. Bis zum Ausbruch des Ersten Weltkrieges im Jahre 1914 erlebte Norwegen wirtschaftlich eine Blütezeit. Die im Vergleich zu anderen Ländern erst sehr spät einsetzende Industrialisierung hatte relativ geringe Auswirkungen. Im Jahre 1910 waren immer noch 42 Prozent der erwerbstätigen Bevölkerung in der Land- und Forstwirtschaft tätig (1990 waren es nur noch 6 Prozent).

Oben rechts:
Zahlreiche russische Schiffe laufen den Hafen von Båtsfjord (Varangerhalvøya) an. Die vereisten Aufbauten der Schiffe zeugen von der harten und gefährlichen Arbeit der Seeleute im Eismeer.

Außenpolitisch war Norwegen stets bestrebt, keinen Bündnissen beizutreten, die das Land in einen Krieg verwickeln könnten. So bewahrte es im Ersten Weltkrieg Neutralität, litt jedoch wirtschaftlich vor allem unter der Behinderung des Seehandels. In den 20er Jahren wurde auch Norwegen von einer wirtschaftlichen Depression nicht verschont. Die Arbeitslosigkeit nahm stark zu, Handel und Schifffahrt mussten hohe Einbußen hinnehmen. Ungefähr ab 1930 wurde diese wirtschaftliche Talfahrt in einen erneuten Aufschwung umgelenkt. Mit zunehmender Kriegsgefahr musste sich die damalige norwegische Regierung mit einer Aufstockung ihres bisher sehr bescheidenen Militärwesens auseinandersetzen. Als 1939 der Zweite Weltkrieg ausbrach, war in dieser Beziehung bei weitem nicht genug getan worden, um die Verteidigungsfähigkeit des Landes nur annähernd gewährleisten zu können. Obwohl Norwegen wiederum seine Neutralität proklamierte, wurde es am 9. April 1940 von deutschen Truppen angegriffen. Königsfamilie und Regierung flohen nach England, um von London aus weiterhin als Exilregierung zu bestehen. Norwegen wurde bei einer Gesamtbevölkerung von knapp 4 Millionen von circa 400 000 deutschen Soldaten besetzt. Der Widerstand gegen die deutschen

Aggressoren wuchs zunehmend. Vor allem aus dem Untergrund agierende Kämpfer konnten den Okkupatoren empfindliche Schläge zufügen. Am 8. Mai 1945 war auch in Norwegen der Krieg zu Ende. Widerstandskämpfer, unterstützt von schwedischen und britischen Truppen, übernahmen die Macht. Nach der Flucht der Deutschen herrschte ein Bild der Verwüstung im Land. Durch die Politik der „Verbrannten Erde“ waren zahlreiche Städte beim Rückzug zerstört worden. Am 7. Juni kehrte die Exilregierung unter König Håkon zurück. Sie räumte dem Wiederaufbau Norwegens sofort absolute Priorität ein. Nach nur zwei Jahren war wirtschaftlich das Vorkriegsniveau

erreicht. Es folgte eine Zeit starken Wachstums und Fortschritts. Dadurch wurde der Aufbau eines Wohlfahrtstaates ermöglicht, in dem soziale und wirtschaftliche Unterschiede innerhalb der Bevölkerung möglichst gering gehalten werden sollten.

Außenpolitisch zeigte Norwegen zunächst vornehme Zurückhaltung. Doch als sich der Ost-West-Konflikt immer weiter zuspitzte, trat Norwegen nach langen Diskussionen zusammen mit Dänemark 1949 der NATO bei. In den 60er Jahren begann das Ölzeitalter. Ölkrisen mit den OPEC-Ländern führten zu einem starken Anstieg des Rohölpreises, der wiederum eine Förderung der in der Nordsee gelegenen Erdöl- und Erdgasvorkommen rentabel machte. Der Ausbau der Öl- und Gasindustrie wurde soweit vorangetrieben, dass Norwegen heute das zweitwichtigste Exportland von Erdöl und Erdgas in der Welt ist.

DIE NORWEGISCHE TIERWELT

Die einzigartige Naturlandschaft Norwegens ermöglicht auch eine besondere Tierwelt. In Mittel- und Nordnorwegen sind Tierarten anzutreffen, die in Mitteleuropa unter anderem wegen der enormen Ausweitung der Kulturlandschaft oder wegen des für diese Tiere ungünstigen Klimas kaum mehr vertreten sind. Hierzu zählen Polarfuchs, Vielfraß, Luchs, Wolf, Biber, Schneehase, Hermelin und Lemminge. Letztere treten alle 12 Jahre, in den so genannten „Lemmingjahren", in Scharen auf. Auf der Suche nach Nahrung wandern Abertausende von Lemmingen umher und kommen sogar bis in die Dörfer. In diesen Jahren ist dann für die verschiedensten Raubtiere der Tisch reich gedeckt. Sogar die bis zu einem Meter große Schneeeule kommt in diesen Jahren aus den Polargebieten in die Bergwelt Norwegens. Vereinzelt gibt es noch Bären, doch wird ihr Bestand auf derzeit unter 100 Exemplare geschätzt.

Oben:
Der Schiffsbau hat in Kirkenes stark an Bedeutung verloren. Nur noch wenige Werften halten sich mit Reparaturarbeiten über Wasser. Kirkenes ist der letzte Hafen, den die Schiffe der Hurtigrute anlaufen, bevor sie wieder Kurs auf Bergen nehmen.

Links:
Die norwegische Hafen- und Industriestadt Kirkenes liegt an der Südseite des Varangerfjords. Der Ort mit circa 5000 Einwohnern erlangte vor allem durch den Abbau und die Verarbeitung von Eisenerz Bedeutung, das von hier aus per Schiff gen Süden transportiert wurde.

Das wohl beeindruckendste Tier des Landes ist der Elch. Der „König der Wälder" kann eine Schulterhöhe von 2,20 Metern, eine Länge von 2,80 Metern und ein Gewicht von über 500 Kilogramm erreichen. Er ist überwiegend in lichtem Wald und in den baumlosen Fjellgebieten anzutreffen, in denen er weidet. Wenn im Winter der hohe Schnee

im Bergland das Fortkommen der Elche behindert, kommen die Tiere in die Täler hinunter und bedienen sich der Straßen.

Überwiegend im Bereich Nordnorwegens, insbesondere in der Provinz Finnmark, leben große Rentierherden. Die Tiere sind an die Verhältnisse der alpinen, arktischen Regionen gut angepasst. Für sie reicht die karge Tundrenvegetation völlig aus, um genügend Nahrung zu finden. Die von den Samen domestizierten Rentiere stellen für diesen Volksstamm aufgrund ihres begehrten Fleisches und Fells eine wichtige Einnahmequelle dar. Manchmal werden im Winter Rentiere als Zugtiere vor Schlitten gespannt. Wegen ihrer langen Beine bewältigen sie tiefen Schnee wesentlich besser als Hunde.

An der Küste stellte der Fischfang schon seit jeher eine wichtige Lebensgrundlage dar. Vor allem vor den Lofoten wurden große Mengen an Dorsch, Heilbutt, Schellfisch und Seelachs gefangen. In den klaren Flüssen und Seen leben unter anderem Forelle, Saibling, Barsch, Aal und Hecht. Eine Sonderform in der Fischwelt stellt der Lachs dar. Er wächst im Meer auf und zieht, wenn er geschlechtsreif ist, die Flüsse hinauf, um dort zu laichen. Der junge Lachs schwimmt dann im Frühjahr mit dem Wasser der Schneeschmelze ins Meer

zurück, um dort heranzuwachsen. Ein besonders gut ausgeprägter Orientierungssinn ermöglicht es dem Lachs, den Fluss wiederzufinden, in dem er geschlüpft ist, und in diesem selbst seine Eier abzulegen. So bildet sich in jedem einzelnen Lachsfluss ein typischer Lachsstamm. Lachse gehören zu den wenigen Fischarten, die sowohl im Süß- als auch im Salzwasser leben können.

Oben:
Trotz aller Modernität hat sich Trondheim den Charme vergangener Zeiten bewahrt. Die farbenfrohen Pfahlbauten am alten Hafen dienten als Lagerhäuser und erinnern an den geschäftigen Hafen der Stadt, als diese noch vom Holz- und Fischhandel lebte.

Oben rechts:
Die farbenfrohen Malereien in der Rosenkirche von Stordal in der Provinz Møre og Romsdal sind eigentlich sehr untypisch für die Ausstattung des Innenraumes norwegischer Kirchen, die eher schlicht gehalten sind.

DAS KLIMA NORWEGENS – BESSER ALS SEIN RUF

Ostnorwegen liegt im Einflussbereich des kontinentalen Klimas. Kennzeichnend sind dort moderate Regenfälle, relativ hohe Sommertemperaturen und kalte, trockene Winter. Das Fjordgebiet Westnorwegens hingegen weist ein ozeanisch bedingtes Klima auf. Hier herrschen moderate Sommertemperaturen, relativ hohe Niederschläge und milde Winter vor. Der Golfstrom, auch als „Warmwasserheizung des Atlantik" bezeichnet, übt dabei starken Einfluss auf die klimatischen Verhältnisse Westnorwegens aus. Der Ursprung dieser warmen Meeresströmung liegt im Golf von Mexiko. Von dort aus quert er den Atlantik und verläuft dann parallel zur norwegischen Küste in nördlicher Richtung. Ganzjährig eisfreie und damit schiffbare Häfen sind die Folge. Dies stellt für Norwegen auch einen nicht zu vernachlässigenden wirtschaftlichen Faktor dar. Flora wie Fauna

Links:
Auf der Reise mit den Postschiffen der Hurtigrute wird der Raftsund befahren, der westlich in den schmalen Trollfjord mündet. Im Winter wirken die spitzen Bergketten der Lofoten besonders bizarr.

Oben:
In Hjemmeluft, am Südrand von Alta (Provinz Finnmark), befindet sich eine einzigartige Ansammlung von knapp 3000 prähistorischen Felsenbidern. Das Alter der Darstellungen wird auf 2500 bis 6000 Jahre geschätzt. Die Felsenbilder von Hjemmeluft stehen auf der Liste der UNESCO für erhaltenswerte Kulturgüter.

profitieren von der Wärmewirkung des Golfstroms, denn hierdurch sind die klimatischen Unterschiede im Vergleich zum übrigen Europa nicht so extrem, wie vielfach für ein so hoch im Norden gelegenes Land angenommen wird. Ohne den Golfstrom wäre das Leben auf diesen Breitengraden fast unmöglich und es würde weitestgehend nur Öde herrschen.

WAS MACHT DEN NORWEGER AUS?

Versucht man während einer Norwegenreise nicht nur der Natur des Landes, sondern auch dem Wesen des Norwegers ein wenig näher zu kommen, so stößt man zunächst auf einige Hindernisse. Zum einen lassen es Norweger nicht gerne zu, dass Außenstehende einen tieferen Blick in ihr Inneres tun – aber wer tut das schon gerne? Die Absicht, Fremde erst einmal auf Distanz zu halten, ist eindeutig. Das andere Hindernis, und das wird deutlich, wenn man Norweger etwas besser kennt, ist eine ihnen innewohnende Widersprüchlichkeit. Der Norweger verkörpert zum einen als Städter den modernen, aufgeschlossenen und bedingungslos toleranten Menschen mit allen Attributen, die zu einem solchen Lebensstil gehören, unter anderem teure modische Kleidung, schnelle Wagen und das obligatorische Mobiltelefon. Zum anderen hat er aber als Mensch vom Land eine starke Bindung an Tradition, Geschichte und ein Leben in natürlicher Umgebung. Um die Verwirrung komplett zu machen, vereint der Norweger in den meisten Fällen auch noch beides. Woher kommt nun aber diese scheinbare Widersprüchlichkeit? In erster Linie ist es wohl der große Raum, den das Land jedem zur Verfügung stellt, sowie die unglaubliche Vielfalt der Natur. Auf einer Fläche von 323 758 Quadratkilometern leben nur 4,4 Millionen Einwohner. Statistisch gesehen entspricht dies einer Bevölkerungsdichte von 13 Einwohnern pro Quadratkilometer (zum Vergleich: Deutschland: 223 Einwohner pro Quadratkilometer). Aber die Zahl sagt im Grunde nichts über die tatsächliche Bevölkerungsverteilung in Norwegen aus. Fast drei Viertel der Bevölkerung leben in Städten oder größeren Gemeinden, wobei in der Hauptstadt Oslo allein 495 000 Menschen leben. Im Großraum Oslo konzentrieren sich sogar über 850 000 Einwohner, also circa 20 Prozent der Gesamtbevölkerung des Landes. Berücksichtigt man dann noch, dass über 80 Prozent aller Norweger in einem 15 Kilometer breiten Gürtel entlang der Küste leben, erahnt man bereits, wie groß die menschenleeren Gebiete Norwegens sein müssen. Zu sehr locken die wirtschaftlichen Möglichkeiten und, nicht zu vergessen, der hohe Freizeitwert der Kernräume im Süden. Die zumeist jungen Menschen zieht es in die Hauptstadt Oslo und in die Ölmetropole Stavanger.

Seite 26/27:
Während der Fangsaison von Dorsch von Januar bis März werden überall auf den Lofoten wie hier bei Henningsvær die zusammengebundenen Fischhälften zunächst stark gesalzen und dann zum Trocknen aufgehängt. Der so erzeugte Stockfisch ist besonders in Südeuropa während der Fastenzeit sehr begehrt.

FJORDE, FJELLS UND SCHÄREN – DIE WELT SÜD- UND MITTELNORWEGENS

Der bevölkerungsreichste Teil Norwegens mit seinen größten Städten, seiner ausgedehnten Agrarlandschaft und den berühmtesten Fjorden befindet sich in Südnorwegen. In der Landeshauptstadt Oslo am Oslofjord liegt das wirtschaftliche Zentrum des Landes und hier kommen Kulturbegeisterte in zahlreichen Museen und auf Veranstaltungen auf ihre Kosten. In der zweitgrößten Stadt Norwegens, Bergen, trifft man auf die Geschichte der Hanse und genießt den lebhaften Charme der Universitätsstadt mit ihrer reizvollen Umgebung. Eine Mischung aus Alt und Neu, aus traditioneller norwegischer Lebensart und städtischer Weltoffenheit findet man in der Ölmetropole Stavanger, immerhin die viertgröß-

Seite 28/29:
In Stabbursdalen in der Provinz Finnmark findet man den wahrscheinlich nördlichsten Kiefernwald der Welt, der durchsetzt ist mit stillen blauen Seen, in denen sich der Himmel spiegelt.

Atemberaubend: der Aurlandsfjord in der Provinz Sogn og Fjordane. Für diesen Blick lohnt es sich, einige Serpentinen der Straße in Richtung Lærdal zu erklimmen.

te Stadt. Trondheim, drittgrößte Stadt, kulturelles und wirtschaftliches Zentrum Mittelnorwegens und historische Hauptstadt, verbindet die Vorteile der Großstadt mit dem Charme einer Kleinstadt. Der mittlere Teil des Landes ist ein Paradies für Naturfreunde. Neben unberührter Wildnis laden lachsreiche Flüsse zum Angeln ein.

Landschaftlich prägend in weiten Teilen Süd- und Mittelnorwegens ist der so genannte naturgeographische Dreiklang, bestehend aus den an der Westküste gelegenen Fjorden, den einen natürlichen Saum entlang der gesamten Küstenlinie bildenden Schären sowie den weitläufigen, kaum enden wollenden Fjellflächen.

FJORDE – DIE FINGER DES MEERES

Alle Fjorde der Welt, ob in Norwegen, in Chile oder in Neuseeland, haben eine gemeinsame Entstehungsgeschichte. In der bis vor circa 10 000 Jahren herrschenden 2 bis 3 Millionen Jahre andauernden Kaltzeit (Pleistozän) war ganz Norwegen mit einem bis zu 3000 Meter mächtigen Eispanzer bedeckt. Die Eismassen der Gletscher bewegten sich, den Gesetzen der Schwerkraft folgend, langsam vom kontinentalen Gebirgsteil Norwegens herab in Richtung des Meeres. Hierzu bedienten sie sich bereits existenter v-förmiger Kerbtäler. Unter dem enormen Druck der mächtigen

Eisdecke und durch mitgeführte Kiese oder Gerölle wurden die Kerbtäler vom Eis zu u-förmigen Trogtälern bis weit unter den Meeresspiegel ausgeschliffen. Unterschiedliche Fließgeschwindigkeiten der Eismassen und variierende Härtegrade der anstehenden Gesteine hatten durchaus mannigfaltige Reliefgestalten der Flusstäler zur Folge, die jedem einzelnen Fjord in heutiger Zeit seinen individuellen Charakter verleihen. Allein um den

Am Nordende des Mjøsasees liegt Lillehammer. Der knapp 25 000 Einwohner zählende Ort erlangte durch die Austragung der XVII. Winterolympiade im Februar 1994 Berühmtheit. Auch heute noch ist Lillehammer das Zentrum des Wintersportes des ganzen Landes.

Sognefjord zu formen, wurden 10 000 Kubikkilometer Gestein vom Gletscher erodiert. Dieses Material würde ausreichen, um den Mjøsa, Norwegens größten Binnensee, 200-mal aufzufüllen. In der darauf folgenden Warmzeit schmolzen die Eismassen größtenteils ab und der Meeresspiegel stieg aufgrund der enormen freigesetzten Wassermengen an, wodurch die vom Eis befreiten Trogtäler überflutet wurden. So stellt ein Fjord also nichts anderes als ein wegen des Meeresspiegelanstieges ertrunkenes, tief eingeschnittenes Trogtal dar. Das Festland, zuvor durch das Gewicht des Eises niedergedrückt, begann sich nun ebenfalls zu heben. Dieser Hebungsvorgang ist auch heute noch nicht abgeschlossen. In einigen Teilen Norwegens steigt das Land momentan circa 1 Zentimeter pro Jahr, in den inneren Fjordbereichen nur wenige Millimeter pro Jahr. Die Fjordbetten sind in der Regel tiefer als das Meer, in das sie einmünden. Der Grund des Sognefjordes beispielsweise liegt bis zu 1308 Meter unter dem Meeresspiegel. Meer und Fjord werden durch eine sogenannte Fjordschwelle voneinander getrennt, die meist nur 100 Meter unter dem Meeresspiegel liegt. Wegen des direkten Meeranschlusses ist das Wasser in den Fjorden salzhaltig. Mit zunehmender Distanz zum offenen Meer hin ist eine wachsende Aussüßung des Wassers festzustellen. Hierfür ist die enorme Süßwasserzufuhr vor allem während der Schneeschmelze im Frühjahr verantwortlich.

DIE SCHÄREN

Die Südküste Norwegens wird von unzähligen kleinen Inseln gesäumt, den Schären. Sie entstanden während der Eiszeit, als die sich vorwärts wälzenden Eismassen an der Erdoberfläche befindliche Felsbuckel überformten. Noch heute kann man aus ihrer Form die Fließrichtung des Eisstromes ablesen. Diese auch als Rundhöcker bezeichneten Oberflächenformen steigen gegen den Eisstrom flach an, während sie auf der ihm abgekehrten Seite steil abfallen. Erst durch den postglazialen Meeresspiegelanstieg wurden sie vom Wasser überflutet.

Links:
Ein fantastischer Rundblick über Oslo und den Oslograben bietet sich vom knapp 500 Meter über dem Meer gelegenen Holmenkollen aus. Abends und am Wochenende treffen sich hier Scharen sportbegeisterter Osloer. Im Winter durchzieht am Holmenkollen ein dichtes Netz beleuchteter Langlaufloipen die so genannte Nordmarka.

Unten links:
Das heimliche Wahrzeichen Oslos ist die Skisprungschanze auf dem Holmenkollen. Die Schanze wurde schon im Jahre 1892 erbaut, immer wieder umgebaut und erweitert. Per Lift lässt sich im Sommer die Glaskanzel erklimmen, von der aus ganz Oslo und das Umland der Hauptstadt zu überblicken ist.

Links:
Das Zentrum des Frognerparks in Oslo bildet der so genannte „Monolith", eine von Gustaf Vigeland (1869–1943) geschaffene Granitsäule, die aus 121 eng ineinander verschlungenen Körpern besteht. Rund 190 weitere Skulpturengruppen im Park beschäftigen sich mit dem Hauptthema Vigelands, dem „Kreislauf des Lebens von der Geburt bis zum Tod".

Seite 34/35:
Direkt am Hafen Oslos liegt auf einer Landzunge die Festung Akershus, deren Baubeginn auf das Ende des 13. Jahrhunderts datiert wird. Während der Regierungszeit Christians IV. wurde die mittelalterliche Burganlage in ein Renaissanceschloss umgebaut und die Befestigungsanlagen erweitert.

Nur die Höchsten ragen dabei heute aus dem Meer heraus und bilden die typische Küstenform Südskandinaviens. Von den geschätzten 150 000 Inseln sind aber nur etwa 2000 bewohnt. Die Schärenküste bildet ein ideales Revier für Freizeitkapitäne, Angler und Sonnenanbeter. Die Schären, die maximal 60 Meter über den heutigen Meeresspiegel herausragen, sind Teil der so genannten Strandflate. Diese Küstenplattform, auf der die Schären liegen, ist also eigentlich Teil des Festlandes.

Ein weiteres Charakteristikum des süd- und mittelnorwegischen Landschaftsbildes sind die weitläufigen Fjellflächen. Der Begriff „Fjell" bedeutet nichts anderes als Bergland. Meist wird dabei die Höhenstufe oberhalb der Waldgrenze verstanden. Je nach Höhe werden allgemeines Fjell (400 bis 600 Meter), Plateaufjell (700 bis 1500 Meter) und Hochfjell (bis circa 2500 Meter) unterschieden. Wanderer und Bergsteiger finden hier im Sognefjell oder Dovrefjell verlockende Ziele.

Oben:
Nur noch wenig erinnert bei Aker Brygge in Oslo an die ehemals hier angesiedelten Schiffswerften. Ende der 80-er Jahre wurde das teils sehr stark heruntergekommene Hafenviertel saniert. Die Backsteingebäude der Werftanlagen und Lagerhallen wurden in das Gesamtkonzept aufgenommen.

Rechts:
Inzwischen wird dem Nightlife Oslos ein fast schon südländisches Flair nachgesagt. Während der Sommermonate herrscht bis in die frühen Morgenstunden reges Treiben in den Straßen zwischen der Innenstadt und dem Hafen. Die Karl-Johans-Gate ist sicherlich die Hauptachse des nächtlichen Oslos.

Links:
Die Sanierung von Aker Brygge kann als gelungenes Gegenstück zu den Docklands Londons bezeichnet werden. Ziel der Stadtplaner war eine Aufwertung des Hafenviertels sowie die Schaffung eines Sekundärzentrums am Hafen.

Unten:
Ein buntes Durcheinander von Vergnügungssuchenden trifft in den Restaurants und Bars in Aker Brygge zusammen. Bei den ersten Sonnenstrahlen werden Tische und Stühle ans Kai gestellt und jeder sonnenhungrige Gast sogar mit einer warmen Decke versorgt.

Ringnes
LETTØL

Linke Seite:
Zwei Welten prallen aufeinander. Das monumentale Rathaus, erbaut 1931 bis 1950, ist das Wahrzeichen der Stadt Oslo. Der mit Backsteinen verkleidete Betonbau umfasst einen Hauptkomplex sowie zwei Türme, in denen sich ein Glockenspiel mit 38 Glocken befindet. Davor eine Reminiszenz an die Vergangenheit: zwei Wikingerboote im Hafen.

Die Nationalgalerie in Oslo besitzt die größte Gemälde- und Skulpturensammlung Norwegens. Auf zwei Räume verteilt werden hier die bedeutendsten Werke von Edvard Munch (1863–1944) ausgestellt.

Neben Werken norwegischer Maler sind auch Bilder von Picasso und Renoir in der Nationalgalerie in Oslo zu bewundern; dazu kommen Werke der romantischen Landschaftsmaler wie Dahl, Fearnley und Tidemand.

Rechts:
Sitz des norwegischen Parlaments ist das Storting, erbaut 1857 bis 1866 an der Karl-Johans-Gate. Die Grünflächen vor dem Storting dienen als Liegewiesen und Treffpunkt der Osloer Jugend.

Unten:
Zwischen den Schären des Oslofjords, geographisch auch als Oslograben bezeichnet, herrscht ein buntes Treiben von Segel- und Motorbooten, Surfern, Paddlern und Wasserskiläufern. Respektvoll wird den Luxuslinern und Jumbofähren Platz gemacht.

Oben:
Jeder Osloer, der etwas auf sich hält, besitzt ein Boot. So ist der Jachthafen abends oder am Wochenende das Ziel der Freizeitkapitäne.

Links:
Am nordwestlichen Ende der Karl-Johans-Gate erhebt sich auf einer kleinen Anhöhe das königliche Schloss (1825–1848). Den Vorplatz des Schlosses dominiert ein Reiterstandbild Karls XIV. Johan. Weht die Fahne über dem Schloss, ist die königliche Familie gerade anwesend.

Seite 42/43:
Knapp 3000 Einwohner zählt der kleine Küstenort Brevik in der Provinz Telemark. Die Altstadthäuser wurden überwiegend im 18. und 19. Jahrhundert erbaut. Sehenswert ist das Rathaus, ein Rokokogebäude, erbaut um 1760.

POLAREXPEDITIONEN –

DIE DREI GROSSEN FAHRTEN DER FRAM

Rechts unten:
Am 14. Dezember 1911 erreichte Amundsen mit seinen Gefährten als erster Mensch den Südpol vor seinem Konkurrenten Robert Falcon Scott.

Unten:
Drei Jahre war das Expeditionsteam um Fridtjof Nansen auf dem Polarschiff Fram, dessen Name „Vorwärts" bedeutet, im Packeis eingeschlossen.

Am Anfang stand die Ansicht, es müsse im nördlichen Polarmeer eine Strömung geben, die sich von den Gebieten nördlich Asiens über den Nordpol zwischen Grönland und Spitzbergen hindurch bewege. Um seine Theorie zu belegen, benötigte der Polarforscher Fridtjof Nansen jedoch ein Schiff, das den extrem harten Bedingungen der Arktis widerstehen konnte. Dieses Schiff musste so konstruiert sein, dass es nicht durch Packeis unter Wasser gedrückt oder zerquetscht, sondern aus ihm herausgehoben wurde. In Nansens Auftrag konstruierte Colin Archer innerhalb kürzester Zeit die „Fram" („Vorwärts"). Das 39 Meter lange und 11 Meter breite Schiff lief am 3. Juni 1893 vom Stapel.

Am 24. Juni 1893 startete die erste Expedition der Fram gen Norden – ausgerüstet mit Proviant für fünf und Treibstoff für acht Jahre. Dabei gerieten die Expeditionsleiter Nansen und Sverdrup mit ihrem Schiff in die tatsächlich existierende Polarströmung. Am 20. September aber blieb das Schiff im Packeis stecken, das es für drei Jahre fest umklammerte. So festgelegt, entschloss sich Nansen gemeinsam mit Hjalmar Johansen, auf Skiern zum Nordpol zu gelangen. Doch sie erreichten den Pol nicht und mussten bei 86°14' Nord umkehren. Sie wurden von einem anderen Expeditionsschiff aufgelesen und im August 1897 im nordnorwegischen Hafen Verdø an Land gesetzt. Gleichzeitig konnte sich die Fram aus dem Eis befreien und die Rückreise antreten. Am 9. September 1896 kehrte die Fram in den Heimathafen Christiania (heute Oslo) zurück.

Nach einigen Umbauten am Schiff brach Otto Sverdrup am 24. Juni 1898 zur zweiten großen Fahrt der Fram auf. Sverdrup nahm Kurs auf die Nordwestküste Grönlands, die von ihm erstmalig genau kartiert wurde. Eine Umsegelung der Nordküste Grönlands misslang. Nachdem die Fram 1902 wieder nach Norwegen gekommen war, wurde überlegt, sie in ein Museum zu bringen. Doch diese Pläne durchkreuzte der neben Nansen zweite große Polarforscher Norwegens, Roald Amundsen.

Links:
In dem Museum „Fram Polarskipet“ auf der Museumsinsel Bygdøy steht eben jenes Polarschiff Fram, mit dem Fridtjof Nansen seine Theorien über die Strömungsgegebenheiten im Polarmeer beweisen wollte.

Roald Amundsen plante zu dieser Zeit eine Expedition zum Nordpol. Er wollte dabei die Beringstraße durchsegeln und dann direkt bis zum Pol vorstoßen. Hierfür griff Amundsen auf

die altbewährte Fram zurück. Als jedoch bekannt wurde, dass der Amerikaner Robert E. Peary am 6. April 1909 als Erster den Nordpol erreicht hatte, entschloss sich Amundsen kurzerhand zu dem Versuch, den Südpol zu erreichen. Erst bei einem Aufenthalt in Madeira informierte Amundsen seine Mannschaft und an Robert Falcon Scott, seinen Konkurrenten beim Wettlauf zum Südpol, sandte er die Nachricht, dass auch ein Norweger auf dem Weg in die Antarktis sei. Nach langer Fahrt erreichte die Fram das Rossmeer (78° 41'), den südlichsten Punkt, den bis dahin je ein Schiff erreicht hatte. Am 19. Oktober brach er mit vier Gefährten, vier Schlitten und 52 Hunden auf. Am 14. Dezember 1911 gelangten sie als erste Menschen zum Südpol. Damit gewann Amundsen den als „Wettlauf zum Südpol“ in die Geschichte eingegangenen Zweikampf gegen Scott. Für diesen, der etwa vier Wochen später den Südpol erreichte, endete die Expedition tödlich. Scott hatte im Gegensatz zu Amundsen zu wenig Lebensmittel und Kraftstoff für den Rückweg in Zwischenlagern bereitgehalten. Auch die Wahl Amundsens, Schlittenhunde einzusetzen, zeigte sich im Nachhinein als richtig gegenüber den Ponys und Motorschlitten von Scott. Nur wenige Kilometer von einer seiner Versorgungsstellen entfernt, erfror er in der Eiswüste.

Im Jahre 1935 wurde die Fram nach Oslo geschleppt und im Rahmen eines Architekturwettbewerbes wurde im darauffolgendem Jahr das Gebäude des heutigen Fram-Museums um das Schiff herum gebaut.

Oben:
Das Polarmuseum in Tromsø informiert über die beiden großen Polarforscher Fridtjof Nansen und Roald Amundsen sowie über Walfang und Überwintern auf Spitzbergen.

Mitte:
Auf der Halbinsel Bygdøy im Westen Oslos liegt das Kon-Tiki-Museum. Hier ist das Balsa-Floß des norwegischen Anthropologen Thor Heyerdahl ausgestellt, mit dem er und fünf andere Männer 1947 vom peruanischen Hafen Callao zu den ostpolynesischen Inseln segelten.

Rechts:
Skien in der Provinz Telemark ist die Geburtsstadt des berühmten norwegischen Dichters Henrik Ibsen (1821–1891). Im dortigen Museum kann man unter anderem seinen Arbeitsplatz besichtigen.

Unten:
In dem kleinen roten Häuschen am Rande von Åsgårdstrand verbrachte Edvard Munch 30 Jahre seines Lebens. Er hatte das Haus einem Fischer abgekauft.

Oben:
In Erinnerung an ihren berühmtesten Sohn, bekannt geworden vor allem durch das Werk „Peer Gynt“, hat die Stadt Skien ein Henrik Ibsen-Museum eingerichtet.

Links:
Die Szenerie des kleinen Ortes Åsgårdstrand taucht in vielen der Werke Edvard Munchs auf. Das bescheidene Wohnhaus des weltberühmten Malers liegt etwas oberhalb des Fjordes in einem großen Garten.

VICTORIA
SKIEN

Linke Seite und links:
Ein Denkmal früherer Ingenieursbaukunst ist der 150 Kilometer lange Telemarkkanal, der vom Schärenpark bis an die Südausläufer der Hardangervidda führt. Der erste Teil des Kanals entstand Mitte des 19. Jahrhunderts. Schiffe wie die 1882 gebaute M/S Victoria wurden speziell an die Platzverhältnisse in den Schleusen des Telemarkkanals angepasst.

Unten:
Zur Überwindung der 18 Schleusen und einiger weiterer Engstellen auf dem Telemarkkanal ist vom Kapitän Fingerspitzengefühl und ein scharfer Blick gefordert.

Ganz unten:
Norwegische Bilderbuchlandschaft im Tuddalsdalen in der Provinz Telemark. Weitläufige Seensysteme und weite Fjellflächen lassen die Herzen der Wanderer höher schlagen.

Links oben:
Haugesund ist die bedeutendste Stadt an der norwegischen Südküste zwischen Stavanger und Bergen. In den geschützten Buchten der Schärenküste erwärmt sich im Sommer das Wasser auf zum Teil über 20°C.

Links Mitte:
Sandefjord war früher das Zentrum des norwegischen Walfangs. Auch heute noch gibt es am Hafen viele Fischgeschäfte und das Walfangmuseum informiert über diese Zeit.

Links unten:
Am Kai von Sandefjord erinnert das Walfängerdenkmal von Knut Steen an die bewegte Zeit ab 1900, als die Männer der Stadt auf ihre gefährlichen Fahrten in die Antarktis zum Walfang aufbrachen. Sandefjords Werft war lange Zeit führend beim Bau von Fabrikschiffen für die Walverarbeitung.

Unten:
Wie hier bei Larvik im Vestfold bieten sich entlang der Südküste Norwegens auf den Schären immer wieder Plätze zum Sonne tanken und baden an.

Linke Seite:
Das Norsk Folkemuseum in Oslo zeigt in Form eines Freilichtmuseums eine Sammlung traditioneller Bauernhäuser und Speicheranlagen aus allen Landesteilen Norwegens. Das Bild zeigt einen Futterspeicher aus der Telemark.

Nach wie vor in Gebrauch sind diese hölzernen Speicher in Rjukan in der Provinz Telemark. Das Errichten der Bauten auf Pfeilern sollte vor Schnee und Feuchtigkeit schützen, so genannte Mäusesteine, quer auf den Stützpfeilern befestigt, sollten das Eindringen von Nagern verhindern.

Ebenfalls im Norsk Folkemuseum auf der Halbinsel Bygdøy in Oslo wurde ein alter Tante-Emma-Laden aus der Zeit um die Jahrhundertwende aufgebaut. Museumsangestellte in traditionellen Trachten erzählen gerne interessante Geschichten aus längst vergangenen Tagen.

Rechte Seite:
Bereits seit 1655 werden am Kap Lindesnes die Schiffe vor den schroffen Felsen der zerklüfteten Küste gewarnt. Die dem Kap vorgelagerten Inseln dienten angeblich schon den Wikingern als Zufluchtsort bei schlechtem Wetter.

Typische skandinavische Holzhäuser in idyllischen Gärten stellen entlang der Westküste, wie hier in Åsgårdstrand, die verbreitetste Form des Wohnens dar.

Nicht nur in Schweden, auch in Norwegen ist es ein ganz typisches Rot, mit dem die Holzhäuser wie hier in Larvik angestrichen werden.

Seite 56/57:
Wie hier bei Valle im Setesdal gräbt sich das eiskalte, kristallklare Wasser immer tiefer in das harte Gestein. Oxidiertes Eisen führt zur Rotfärbung des Gesteins.

Unten:
Von der Prekestolhytta (Predigtstuhlhütte) braucht man circa zwei Stunden, um den Prekestolen zu erreichen. Ein Abendessen mit der wohl schönsten Aussicht in ganz Norwegen entschädigt für die auf sich genommenen Strapazen.

Ganz unten:
Die vielen engen Serpentinen hinunter zum Lysebotn in der Provinz Rogaland sind eine Herausforderung für jeden Fahrer und versprechen Nervenkitzel auch für jeden Mitfahrer.

Rechts:
Unbeschreiblich schön ist der Ausblick vom Prekestolen (Predigtstuhl), einer Felsenkanzel knapp 25 Kilometer von Stavanger entfernt, die 600 Meter senkrecht in den Lysefjord hinabfällt.

Oben:
Ab 1970 brach in Norwegen ein Erdölboom ungeahnten Ausmaßes aus, der auch heute noch das wirtschaftliche Geschehen des Landes bestimmt. Ekofisk wurde das damals größte Ölfeld getauft. Es liegt rund 300 Kilometer vor der südwestnorwegischen Küste und umfasst circa 30 Ölplattformen.

Rechts:
Von Umweltschutzaktivisten nicht unkritisch gesehen werden der Bau und die Demontage ausgedienter Ölplattformen in den geschützten Fjordarmen wie hier im Vatsfjord.

Seite 62/63:
Bergen bei Nacht. Dieses Bild vom alten Stadtkern Bergens mit dem Hafen wurde um 24 Uhr aufgenommen. Die Mitternachtssonne macht ihrem Namen Ehre.

Links und unten:
Neben Erdöl und Erdgas sind auch die in Norwegen gebauten Ölbohrinseln selbst ein Exportschlager. Stavanger gilt mit der hier ansässigen traditionsreichen Rosendalwerft als Zentrum des Plattformbaus (links), aber auch bei Steinkjer wird noch bei Dunkelheit an einem Bohrturm gearbeitet.

VAKTBÅT
TOURIST
JELSA

Links:
Kulturelles und gesellschaftliches Zentrum der Hansestadt Bergen ist Vågen, der alte Hafen. Unzählige Boote versammeln sich hier vor der malerischen Kulisse der alten Holzhäuser von Tysk Bryggen.

Unten:
Der alte Stadtkern der Ölmetropole Stavanger konnte mit Hilfe der reichlich sprudelnden Petrodollars hervorragend restauriert werden. In der schön am Boknafjord gelegenen Stadt, trifft man immer wieder auf liebevoll hergerichtete Straßenzüge.

Oben:
Die engen, verwinkelten Hinterhöfe der ehemaligen Handelskontore auf Tysk Bryggen in Bergen beheimaten heute kleine Restaurants und Kunstgewerbegeschäfte.

DIE SCHÖNSTE SEEREISE DER WELT –

DIE HURTIG

Oben:
Herrliche Ausblicke bieten sich von den Decks der Schiffe der Hurtigrute auf die schneebedeckten Gipfel der Nordskanden.

Mitte:
Die Hurtigrute, die „schnelle Route“, führt auch durch den Trollfjord auf den Lofoten. An einigen Stellen rücken die Felswände dem Postschiff sehr nahe.

Rechts:
Das gleißende Licht der untergehenden Sonne verzaubert einen kurzen Augenblick lang die Welt.

Die historisch bedeutsame Stadt Bergen bildet den Ausgangspunkt der weltberühmten Postschifflinie „Hurtigrute“, die seit 1893 die einstige Hansestadt mit dem arktischen Norden des Landes verbindet. Von Bergen aus führt die „Schnelle Route“ über 1250 Seemeilen entlang der norwegischen Küsten- und Inselwelt zum polaren Zielhafen Kirkenes. Mit der Inbetriebnahme dieser „hurtigen“ Verbindung zwischen Süd- und Westnorwegen mit den entlegenen Landesteilen jenseits des Polarkreises im Norden war es erstmals möglich geworden, dass Post, Fracht und auch Menschen ganzjährig und für damalige Verhältnisse sehr schnell an die Randgebiete der norwegischen Ökumene transportiert werden konnten. Davor musste man im Winter oft Monate auf einen Brief warten. Jetzt werden innerhalb von nur sechs Tagen über 30 Häfen angelaufen, darunter auch Hammerfest, gerühmt als die nördlichste Stadt der Welt.

PHANTASTISCHE AN- UND AUSBLICKE

Schon um die Jahrhundertwende entdeckten erste Reisende die Hurtigrute als hervorragendes Transportmittel, um die von tiefen Fjorden und weit gefächerten Schären zerschnittene Küste, von vielen das Herz Norwegens genannt, auf komfortable Art und Weise zu erkunden. Weitere Highlights waren und sind die Inselketten der Lofoten und Vesterålen. Besonders zur Zeit der Mitternachtssonne ist es für jeden Nordlandreisenden ein unvergessliches Erlebnis, die markanten Konturen der steil aufragenden Felszacken der Lofoteninseln an sich vorbeiziehen zu sehen.

Ab Tromsø, dem Tor zur Arktis, macht sich besonders in den Wintermonaten der Golfstrom bemerkbar, der ein Zufrieren der Seewege verhindert. Glück hat, wer bei der Umrundung des Nordkaps, dem nördlichsten Punkt Europas, die legendäre, steil ins Meer abfallende Felskanzel zu Gesicht bekommt. Denn häufig macht dicker Nebel dem Betrachter einen Strich durch die Rechnung.

RUTE

Oben:
Entspannen auf der „Narvik“, einem der modernsten Schiffe der Hurtigrute. Wie hier zwischen Hammerfest und Skjervøy ziehen tagelang die schroffen Gebirgszüge der Nordskanden an dem Reisenden vorbei.

Links:
Die modernen Luxusliner der Hurtigrute, hier die „Narvik“, haben nur noch sehr wenig mit den alten Postschiffen der Vergangenheit zu tun und bieten viel Komfort.

Links:
Beeindruckend ist der Maschinenraum eines Postschiffes, in dem man sich mit Kopfhörern vor dem monotonen Lärm schützen muss.

Bis Mitte der 80-er Jahre blieb der Versorgungscharakter der Postschifflinie dominierend, jedoch mit stark zunehmender Bedeutung der touristischen Komponente. Diesem Umstand wurde von den drei Betreibergesellschaften der Hurtigrute Rechnung getragen, indem die neu erworbenen Schiffe immer mehr luxuriösen Kreuzfahrtschiffen glichen als den ursprünglichen, dampfbetriebenen schwarzen Postschiffen. Beschleunigt wurde diese Orientierung auf den Fremdenverkehr auch dadurch, dass die norwegische Regierung ankündigte, ab dem Jahr 2002 die bisher reichlich gewährten Subventionen für diese Form des Frachtverkehres zu drosseln und schließlich ganz einzustellen. Die weit vorangeschrittene Erschließung der nördlichen Landesteile durch Straßen macht diesen Schritt durchaus erklärlich. Dass sehr viele Norweger selbst eine Fahrt mit der Hurtigrute unternehmen, spricht für die faszinierende Art, das Land kennen zu lernen. Viele Norwegenreisende, die nicht die für Hin- und Rückreise notwendigen 11 Tage investieren wollen, buchen nur eine Strecke (zum Beispiel Bergen–Kirkenes) und fliegen dann zurück. Ruhesuchenden sei eine Reise außerhalb der Sommermonate empfohlen. Relativ günstige Preise und manchmal nur ein Dutzend Mitreisende sind hier verlockend.

Durch das milde Klima am Utnefjord im Hordaland können hier Obstsorten aller Art hervorragend gedeihen. Die Obstblüte im Sommer verwandelt die Obstbaumplantagen in ein leuchtendes Blütenmeer.

Der beeindruckende Steindalsfossen liegt zwei Kilometer außerhalb des kleinen Ortes Norheimsund im Hordaland. Hier kann man trockenen Fußes unter einem Felsvorsprung hinter dem Wasserfall vorbeigehen.

Ein Naturschauspiel besonderer Art bietet der Låtefossen, 15 Kilometer südlich von Odda im Hordaland. Das aus dem Låtevatn stammende Wasser stürzt hier 165 Meter über zahlreiche Felsblöcke ins Tal herab.

Bereits in der fünften Generation wird das 1722 erbaute Utnehotel geführt. Das gemütliche Hotel beherbergt heute auch eine Sammlung norwegischer Nationaltrachten sowie landestypischer Stickerein.

Großartige Weite und Einsamkeit bietet die Landschaft der Hardangervidda, hier bei Fagerheim im Hordaland. Flache Berge zwischen Mooren und Wasserläufen, die vor allem in der Dämmerung in allen Blautönen leuchten, machen den Reiz dieser Region aus.

Nicht umsonst ist der Hardangerfjord ein beliebtes Motiv norwegischer Maler der Romantik gewesen. So entstand hier das Werk „Brautfahrt auf dem Hardanger“ von Tidemand/Gude, das heute in der Nationalgalerie in Oslo hängt.

Rechts:
Während sich die Menschen in der Finsehütte wärmen, lassen sich die Schlittenhunde einschneien. Die isolierende Schneeschicht verhindert, dass die extremen Temperaturen den Hund gefährden.

Unten:
Mit 1122 Metern ist die Finsehütte der höchste Haltepunkt der Bergenbahn auf der Hardangervidda. Die Hütte ist ein beliebter Ausgangspunkt für Ski- und Gletschertouren auf den Hardangerjøkulen.

Oben:
Die Hardangervidda ist aufgrund ihrer Schneesicherheit bis in den Mai hinein und der guten Erreichbarkeit ein beliebtes Ziel für Wintersportler aller Art. Ein dichtes Loipennetz lässt keine Wünsche offen.

Links:
Ein Schneesturm auf der Hardangervidda. Wenn die spitzen Eiskristalle wie ein Sandstrahlgebläse das Gesicht malträtieren, kann die nächste Hütte gar nicht schnell genug kommen.

Rechte Seite:
Mit der Pferdekutsche lässt sich der Wasserfall des Kleivafoss bei der Gletscherzunge Briksdalsbreen sehr komfortabel erreichen. Wer sich das Geld sparen will, erreicht den Gletscher auch zu Fuß.

Eine bunte Mischung alter Holzhäuser findet man im historischen Teil von Lærdal am Sognefjord. Die Häuser wurden im 17. und 18. Jahrhundert erbaut und stehen heute unter Denkmalschutz.

Wie hier bei Olden werden die flachen Fjordhänge schon seit Jahrhunderten intensiv landwirtschaftlich genutzt. Während die „Inmark" im Vordergrund vor allem für Ackerbau und Weiden genutzt wird, dominiert in der angrenzenden „Utmark" die Forstwirtschaft.

Links oben:
Die Fährstation Hella am Sognefjord – bis heute spielen die Autofähren eine zentrale Rolle im gesamten Verkehrsnetz Norwegens.

Aufgrund der natürlichen Gegebenheiten können die Fähren nur sehr selten durch Brückenbauten ersetzt werden.

Links Mitte:
Entlang des Fjordes Havslovatnet in der Provinz Sogn og Fjordane zieht sich ein breites Band intensiv genutzter landwirtschaftlicher Parzellen.

Links unten:
Zumeist im Pendelverkehr transportieren die Fähren auf dem Sognefjord ihre Gäste an das gegenüber liegende Ufer. Für die Norweger ein alltägliches und nicht wegzudenkendes Verkehrsmittel.

Unten:
Der bis zu 1000 Meter tiefe Nærøyfjord, ein Seitenarm des Sognefjords, begeistert den Norwegenkundigen immer wieder aufs Neue. Nur die Wellen der Fähren stören das malerische Bild der sich spiegelnden Fjordhänge.

SEEFAHRER UND PLÜNDERER –
DIE WIKINGER

Unten:
Das Wikingermuseum in Borg auf den Lofoten ist eine Nachbildung einer großen Wikingerbehausung. Als Vorlage dienten die hier ausgegrabenen Fundamentreste der historischen Siedlungsanlage.

Ab Mitte des 8. Jahrhunderts betraten die Wikinger die Geschichtsbühne Norwegens. Einen ersten Vorgeschmack auf den kriegerischen Kampfesgeist der Wikinger konnten die europäischen Nachbarn am 8. Juni 793 erhalten. Das reiche Kloster Lindisfarne, an der englischen Küste Northumberlands gelegen und für die westlichen Christen ein wichtiges Heiligtum, war das Ziel ihrer ersten bezeugten Plünderungsattacke. Es war der Auftakt für einen über zweieinhalb Jahrhunderte andauernden Eroberungszug, der den Nordmännern den Ruf einbrachte, gottlose Meuchelmörder zu sein. Bis in das 9. Jahrhundert schien nichts die Wikingerzüge eindämmen zu können. Selbst die Stadtherren von Paris mussten ein hohes Lösegeld für die Freiheit ihrer Stadt zahlen, nachdem sie von dänischen und norwegischen Wikingern im Jahr 857 angegriffen und dann 861 belagert und geplündert wurde. Nicht nur die Vernichtung, auch die Besiedlung weit von Norwegen entfernt liegender Gebiete und der Handel trieb die Nordmänner, denn die Bevölkerung Skandinaviens war bis zum Beginn des 9. Jahrhunderts auf circa 700 000 Menschen angestiegen. Sie gründeten ab 839 mehrere Königreiche in Irland (u.a. Dyflinn = Dublin), auf den Inseln Man und Anglesey, den Hebriden sowie in Nordschottland. Von den bereits früher entdeckten Färöer-Inseln machte sich 865 Floki von Rogaland auf den Weg nach Island, um weiteres Land in Besitz zu nehmen. Im Jahre 930 lebten bereits 30 000 Norweger auf Island. Da Island aber von Gletschern, Vulkanen und unfruchtbaren Böden dominiert war, stachen die Wikinger bald wieder in See. Einer der Landsuchenden war der bekannte Wikingerhäuptling Erik Thorvaldsson (der Rote). Nachdem er 982 wegen eines kaltblütigen Mordes aus Blutrache für drei Jahre aus der Gemeinschaft der Wikinger verbannt wurde, entschied er sich, diese Zeit mit der Suche nach einem noch weitestgehend unbekannten Land im Westen zu nutzen, von dem ihm bereits berichtet worden war. Nach einer gefährlichen Fahrt durch das Treibeis fand Erik es schließlich. Die grünen, fruchtbaren Täler beeindruckten ihn so stark, dass er das Land „grünes Land", also Grönland nannte.

Mitte:
Immer wieder werden Wikingerschiffe nachgebaut, um deren Seetauglichkeit unter Beweis zu stellen. Es gilt als gesichert, dass die Wikinger mit ihren Schiffen bis nach Amerika vorstießen.

DAS LAND, WO DER TAU WIE HONIG SCHMECKT

Der Sohn des roten Eriks, Leif Eriksson, machte sich – dem Beispiel des Vaters folgend – im Jahre 1001 auf den Weg, um nach dem Land zu suchen, „wo der Tau wie Honig schmeckt“. Nachdem er zunächst die wenig wirtliche Ostküste Labradors entdeckte, fand er später ein fruchtbares Weideland, das „Vinland“ („vin“ = Wiese, Weide; heutiges Neufundland) genannt wurde. So landeten fast 500 Jahre vor Christoph Kolumbus die norwegischen Wikinger an den Ufern Amerikas. Auch hierhin folgten schon bald mehrere hundert Siedler. Doch wegen winterlicher Hungersnöte und kämpferischer Auseinandersetzungen mit den Indianern gaben die Wikinger diese Siedlungen schnell wieder auf. So geriet der amerikanische Kontinent in Vergessenheit und konnte vom großen Genuesen 1492 „neu“ entdeckt werden.

Oben:
Das Osebergschiff, ausgestellt im Wikingerschiffsmuseum in Oslo, ist zu über 90 Prozent im Original erhalten. Das 1904 am Oslofjord gefundene Schiff war über die Jahrhunderte hinweg konserviert worden, da der lehmige Boden den Kontakt mit Sauerstoff verhindert hatte.

Links:
Häufig wird im Wikingermuseum in Borg auch nach alten Wikingerrezepten gekocht oder das handwerkliche Geschick der Wikinger mit nachgebauten Werkzeugen zur Schau gestellt.

Links:
In Borg auf den Lofoten wurde in den 80-er Jahren ein Häuptlingssitz ausgegraben und im Wikingermuseum Lofotr rekonstruiert. Der Innenraum vermittelt einen guten Eindruck davon, wie die erfolgreichen Seefahrer in ihrer Heimat lebten.

Wikinger, die mit ihren Booten die Meere beherrschten und in ganz Europa brandschatzten, haben zwar die Vorstellungen geprägt, aber es wird ihnen Unrecht getan, wenn man sie nur auf diese Punkte beschränkt. In Irland führten sie die Herrschaft des Gesetzes ein und die Engländer lernten von ihnen wieder, wie man Schiffe baut – eine Kunst, die sie vergessen hatten. Aber selbst für die in Norwegen Daheimgebliebenen brachte die Wikingerzeit grundlegende Veränderungen. Zum einen wurde die politische Einigung des Landes vollzogen und zum anderen wurde das Christentum als Staatsreligion eingeführt.

Rechts:
Eine lange Tradition haben die großen Sommerfeuer wie hier am Sognefjord. Bei den dazugehörigen Feierlichkeiten geht es oft feucht-fröhlich zu.

Unten:
Der Ort Solvorn liegt beschaulich am Lustrafjord. Solvorn wird als Fähranleger von all jenen angelaufen, die die berühmte Stabkirche von Urnes besuchen wollen.

Oben:
Die Stabkirche von Urnes ist die älteste aller norwegischen Stabkirchen. Ihre Entstehung reicht bis zum Ende des 11. Jahrhunderts zurück. Die reiche Ausstattung mit kunstvollen Schnitzereien führte dazu, dass diese Kirche von der UNESCO als schützenswertes Baudenkmal dem Weltkulturerbe hinzugefügt wurde.

Links:
Immer geringer wird die Bedeutung der Fjordfischerei. Nur noch selten reicht der Fischfang im Haupterwerb aus, um das Fortkommen zu sichern. Der Fremdenverkehr oder die Fischzucht sind häufig gewählte Alternativen.

Unten:
Der Nigardsbreen ist der größte Gletscher des Eissystems des Jostedalsbreen. Sein Name erinnert an den Hof „Nigard", der 1743 während eines rasanten Gletschervorstoßes unter dem Eis begraben wurde.

Rechts oben:
Eine weitere Zunge des Plateaugletschers des Jostedalsbreen ist der Bøyabreen bei Fjærland.

Rechts Mitte:
Türkis schimmert die dicke Eisschicht dieses zugefrorenen Sees im Jotunheimen.

Rechts unten:
Am Nigardsbreen werden geführte Gletscherwanderungen angeboten. Unter fachkundiger Führung und mit Steigeisen und Eishacke bewaffnet, dringt man in die atemberaubende Welt des Eises vor.

Links:
Norwegens berühmtester Wasserfall ist der Vøringsfossen in der Nähe von Eidfjord. Über 145 Meter fällt das Wasser in das dunkle Måbødal.

Der Gutshof von Tofte im Gudbrandsdal ist einer der geschichtsträchtigsten Bauernhöfe des Landes. Da die Pferdewechselstation einst direkt am berühmten Königsweg lag, kamen hier fast alle norwegischen Könige auf ihren Reisen vorbei.

Im Rondane Nationalpark versprechen endlose Fjellflächen und über 2000 Meter hohe Berge genug Abwechslung für mehrtägige Bergtouren. Der Rondslottet, der höchste Berg des Nationalparks, ist auch im Sommer stets schneebedeckt.

Das Gudbrandsdal ist das größte der zahlreichen Bauerntäler. Wie hier bei Lillehammer bestehen die Gehöfte meist aus getrennt stehenden Einzelhäusern.

Am Hang des Gudbrandsdal liegt die Stabkirche von Ringebu, eine große 12-Mast-Kirche aus der Zeit um 1200. Querhaus und Turm wurden im 17. Jahrhundert hinzugefügt.

WIKINGERSCHIFFE DES GLAUBENS –

STABKIRCHEN

Oben:
Wenige Kilometer westlich von Notodden liegt Norwegens größte Stabkirche, die Stabkirche von Heddal, deren Entstehung auf die Mitte des 12. Jahrhunderts datiert wird. Die zahlreichen Pult- und Giebeldächer erstrecken sich über fünf Etagen und vermitteln fast einen kathedralenartigen Eindruck.

Rechts Mitte:
Knapp fünf Kilometer außerhalb von Dalen in der Provinz Telemark liegt die Stabkirche Eidsborg. Die wahrscheinlich aus dem 13. Jahrhundert stammende Kirche wurde aufgrund ihrer ursprünglich sehr kleinen Grundfläche von 6,30 Meter mal 5 Meter bereits zweimal erweitert.

Als im 11. Jahrhundert das Christentum in Norwegen Einzug hielt, bedeutete dies eine einschneidende Veränderung in der Geisteswelt des Volkes. Während bislang die altnorwegische Kultur mit ihrem heidnischen Glauben an Geister und Dämonen das spirituelle Leben beherrschte, begann nun nach und nach die europäische Kultur des Mittelalters in den Vordergrund zu treten. Markanteste Zeugnisse aus der Zeit dieses fundamentalen Umbruchs sind die Stabkirchen. Sie stellen das architektonische Erbe der norwegischen Kirchenbaukunst der ersten Generation dar und sind ein eigener Beitrag Norwegens zur Gotik. Bereits im 11. Jahrhundert begann man diese Gotteshäuser aus Holz zu errichten. Aufrecht stehende Pfosten, die in den Boden hineingerammt wurden, bildeten das Grundgerüst für die senkrecht befestigten Stabplanken der Wände. Da aber Feuchtigkeit das hölzerne, im Boden eingelassene Kirchenfundament angreifen konnte, faulte das Holz sehr schnell. Ausgrabungen zeigen, dass diese ersten Kirchen nur circa hundert Jahre überstanden.

Die heute zu besichtigenden Stabkirchen stammen aus der zweiten Phase des Stabkirchenbaus, dem 12. Jahrhundert. In dieser Zeit ging man dazu über, das senkrechte Stabgerüst nicht mehr direkt in den Boden zu treiben, sondern auf steinernen Schwellen zu errichten. In Norwegen sind noch drei Stabkirchen aus dieser Zeit in ihrem Originalzustand erhalten: Borgund (um 1250), Gol (um 1250) und Hopperstad (Anfang des 13. Jahrhunderts).

HOLZKIRCHE IST NICHT GLEICH STABKIRCHE

Man sollte aber nicht den Fehler machen, jede in Norwegen anzutreffende Kirche aus Holz (davon gibt es sehr viele) für eine Stabkirche zu halten. Für letztere gibt es ganz besondere Charakteristika, die namensgebend sind. Wesentlicher Bestandteil ist, dass die Wände einen Eckständer (Stab) haben. Er ist mit der Schwelle am Boden und der Balkenlage unterhalb des Daches verbunden. Zwischen zwei Eckständern wird dann die Pfostenwand aus aufrecht stehenden Planken als „Haut" hochgezogen. Hierin unterscheidet sich die Bauweise vom Blockbau, bei dem die Hölzer aufeinander liegen. Die Schwellen der vier Wände bilden am Boden den Rahmen für die eingefügten Eckstäbe. Daraus ergibt sich das standfeste Skelett der Stabkirche. Den Abschluss bildet ein zweiter Rahmen aus Balken, der dann das mit Schindeln gedeckte Dach trägt.

Erweiterungen wie das Hinzufügen von Umgängen (so genannte Svalgänge), die Verlängerung des Kirchenschiffes durch einen schmaleren Chor oder

der Anbau einer Apsis haben zu großen und beeindruckenden Kirchenbauten geführt, mit denen ausladende Dachkonstruktionen einhergehen, die wesentlich zu deren Stabilität beitragen.

Die Grundbauweise jeder Stabkirche weist große Ähnlichkeit mit den aus Wikingerzeiten bekannten Schiffskonstruktionen auf, allerdings mit nach oben gewandten Kiel. Daher werden die Bauwerke auch „Wikingerschiffe des Glaubens" genannt. Ihre besondere Schönheit erhalten die Stabkirchen durch die reiche Verzierung mit Holzschnitzereien. Besonders die Eingangsportale sind mit reicher Ornamentik ausgestattet, die sich mit Tierdarstellungen, Phantasiegeschöpfen und pflanzlichen Ranken schmückt. Hinzu kommt die Verzierung der Giebel und Dächer mit bedrohlich wirkenden Drachenköpfen, einer Tradition, die ebenfalls Parallelen zur Wikingerzeit aufweist, in der Schnitzereien am Bug der Schiffe vor Bedrohungen schützen sollten.

Oben:
Im Zentrum des nördlichen Jotunheimen trifft man auf die Stabkirche von Lom aus dem Jahre 1240. Dieses wohl bekannteste „Wikingerschiff des Glaubens" besticht außen durch aufwändige Schnitzereien und Löwendarstellungen, die zur Abschreckung böser Dämonen dienen sollten.

Links oben:
Der Innenraum der Stabkirche von Lom ist reich mit Schnitzereien und Bemalungen im Barockstil verziert. Trotz zahlreicher Erweiterungen und Umbauten blieb der überwältigende, 20 Masten umfassende Zentralbau in ursprünglicher Schönheit erhalten.

Links:
Die Stabkirche von Undredal gilt als kleinste Stabkirche des Landes. Viele Umbaumaßnahmen im Laufe der Jahrhunderte sowie der weiße Außenanstrich lassen im ersten Moment nicht auf eine tatsächliche Stabkirche schließen.

Unten links und rechts:
Wie hier in Lillehammer wird in ganz Norwegen der Midsommer am Johannis-Tag (23. Juni) gebührend gefeiert. Viele legen ihre traditionellen Trachten an und Frauen und Mädchen tragen Kränze aus Sommerblumen. Die Blumenmädchen begrüßen die Zeit, in der die Sonne nicht untergeht.

Rechts:
Immer seltener werden Seterhütten (entspricht den Almhütten) wie diese in der Nähe von Darthus in der Provinz Oppland tatsächlich noch bewirtschaftet. In vielen Bergregionen werden diese wunderschönen, schlichten Blockhütten als Übernachtungsmöglichkeiten angeboten.

Rechts:
Ein Besuch des Freilichtmuseums „Maihaugen" in Lillehammer vermittelt einen guten Eindruck von der Lebensweise der bäuerlichen Bevölkerung in der Vergangenheit. Circa 120 überwiegend aus dem Gudbrandsdal stammende Gebäude werden dort ausgestellt.

Linke Seite:
Der Geiranger – der König der Fjorde. Zwar ist er weder der tiefste noch der längste Fjord, doch aufgrund seiner idealtypischen Ausformung mit steilen, über 1000 Meter fast senkrecht aufragenden Felswänden unbestritten der schönste Fjord in Norwegen.

Große Kreuzfahrtschiffe bahnen sich ihren Weg durch den engen Geirangerfjord, dem innersten Abschnitt des weit verzweigten Storfjord.

Auf einer Rundfahrt im Geirangerfjord beeindrucken die zahlreichen Wasserfälle mit Namen wie „die sieben Schwestern“ oder „Brautschleier“, die über mehrere hundert Meter von den steilen Felswänden herabstürzen.

Links:
Über 11 Haarnadelkurven und mit bis zu zehn Prozent Steigung überwindet der berühmte Trollstigvegen einen Höhenunterschied von über 800 Metern. Die Aussichtsplattform auf der Passhöhe bietet dann einen überwältigenden Blick.

Oben und ganz oben:
Unmittelbar neben dem Trollstigvegen in der Provinz Møre og Romsdal schießen zwei überwältigende Wasserfälle in die Tiefe. Einer davon ist über 180 Meter hoch.

Oben:
Die Stadt Kristiansund erstreckt sich über die drei Inseln Innlandet, Kirkelandet und Nordlandet. 1940 wurde die Stadt größtenteils von deutschen Bombern zerstört. Heute ist die Stadt ein wichtiges Zentrum der Fischerei und besitzt einen bedeutenden Exporthafen überwiegend für Aluminium.

Rechts:
Eine willkommene Abwechslung bei langen Autofahrten bieten die Fährpassagen über die Fjorde. Hier wird der Halsafjord in der Provinz Møre og Romsdal überquert.

Links:
Unzählige Gipfel bilden ein fantastisches Panorama bei einer Fahrt über den Moldefjord.

Unten:
Aufgrund ihrer geschützten Lage und des milden Klimas ist Molde als die Stadt der Rosen bekannt. Vom Varden, dem über 400 Meter hohen Hausberg der Stadt, bietet sich ein guter Blick auf circa 80 zum Teil schneebedeckte Gipfel der angrenzenden Bergketten.

Beschauliche Fischeridylle am alten Fischereihafen in Otnes. Längst mussten in der modernen Fischerei die schönen Holzboote großen Fangbooten und Fabrikschiffen weichen.

Ein kleines Heimatmuseum in Otnes informiert über das Leben im Ort zu früheren Zeiten. Im Kaufladen wurde auch das Bier ausgeschenkt.

Eingebettet zwischen Bergen und dem Schärengarten liegt Ålesund. Vom Berg Aksla hat man einen schönen Blick über die Stadt und den geschäftigen Hafen. Der Aussichtspunkt ist vom Zentrum der Stadt über 446 Stufen zu erklimmen.

Im Jahre 1904 vernichtete ein Brand fast die gesamte historische Altstadt von Ålesund. Ein Gesetz schrieb den Wiederaufbau in Stein vor, der im Stile des zu dieser Zeit aktuellen Jugendstils ausgeführt wurde. Kaiser Wilhelm, begeisterter Norwegenreisender, finanzierte zum Teil diese Baumaßnahmen. Zum Dank dafür wurde im Stadtpark seine Büste aufgestellt und die Hauptstraße „Kaiser Wilhelm-Gate" getauft.

Seite 98/99:
Saftige Wiesen, ein rotes Häuschen, tiefblaues Wasser mit kleinen Booten drauf und im Hintergrund glitzernde, schneebedeckte Berggipfel: Norwegen wie es im Buche steht – hier am Fannefjord bei Molde.

Unten:
Blick von der Festung Kristiansten auf Trondheim, das im Jahre 997 als Siedlung namens Nidaros gegründet worden war. Der alte Stadtkern liegt auf einer Insel zwischen dem Fluss Nidelva und dem Trondheimfjord.

Rechts oben:
Unbestritten ist der Nidarosdom in Trondheim Norwegens schönstes sakrales Bauwerk aus Stein. Über dem Grab Olavs des Heiligen gründete Olav Kyrre (1066–1093) die Domkirche. Heute ist der Nidarosdom Wahrzeichen und Hauptanziehungspunkt der Stadt. Gemäß der norwegischen Verfassung wird hier jeder norwegische König gekrönt.

Rechts Mitte:
Besonders beeindruckend am Nidarosdom ist dessen Westfassade. Für ihre Wiederherstellung schufen norwegische Bildhauer des 20. Jahrhunderts über 70 Skulpturen, die über mehrere Stockwerke verteilt an der Fassade angebracht sind.

Rechts unten:
Die Wände des Nidarosdom sind im Stile der Gotik reich gegliedert. Überwältigende 102 Meter lang und 50 Meter breit ist das Gotteshaus. Das Licht fällt durch Glasfenster von Gabriel Kielland.

Rechts:
Ungewöhnlich reich verziert präsentiert sich der Eingang dieses alten Bauernhauses in Lønset bei Oppdal aus dem Jahre 1814.

Unten:
Unzählige einfache Hütten wie diese bei Hoffstad in der Provinz Sør-Trøndelag liegen versteckt in den lichten Wäldern oder an den Ufern der zahllosen Seen. Gerade an Wochenenden drängen die Städter hinaus aufs Land in ihre gemütlichen Holzhütten.

Oben:
Die alte Kupferstadt Røros am Ende des Femundsees in Westnorwegen ist ein lebendiges Museum längst vergangener Zeiten des Kupferabbaus. Die gesamte Innenstadt wurde von der UNESCO zum Weltkulturerbe bestimmt.

Links:
Eingerahmt von weithin sichtbaren Schlackehügeln existieren heute noch einige der alten Holzhäuser, in denen die Grubenarbeiter wohnten. Erst 1977 wurde die letzte Kupfermine in Røros stillgelegt.

Lachsfischen in Norwegen – welcher Petrijünger träumt nicht davon. Die atlantischen Wildlachse ziehen bei Erreichen der Geschlechtsreife diejenigen Ströme hinauf, in denen sie selbst geboren wurden, um sich dort zu paaren.

Trotz nördlicher Breitenlage zeigt sich hier im Gebiet um Namsos eine saftig grüne Vegetation. Des Rätsels Lösung: Die Wärmewirkung des Golfstroms sowie die Abschottung vom kontinentalen Osten des Landes durch die Skanden.

LAND DES POLARLICHTES – NORDNORWEGEN

Nordnorwegen mit seinen Provinzen Nordland, Troms und Finnmark ist das bevölkerungsärmste Gebiet Norwegens, Heimat der Samen und der Rentiere. Hier spürt der Reisende eine besondere Atmosphäre in den vielen kleinen Fischerdörfern auf den Lofoten und den Geist der Entdeckungsreisenden, die von Tromsø aus in polare Regionen aufbrachen. Mit dem Nordkap liegt hier auch das Ziel vieler Nordlandreisenden, der nördlichste Zipfel Europas.

DIE INSELWELT DER LOFOTEN

Landschaftliches Highlight ist sicherlich die Inselwelt der Lofoten. Die Inselgruppe zählt zu den

Allein in den Weiten Norwegens – kilometerlang kommt man auf den norwegischen Straßen durch keine Siedlung oder gar größere Stadt. Besonders im Norden ist das Land extrem dünn besiedelt und gerade im Winter sollte man immer genug getankt haben.

ältesten Bereichen der Erde. Sie entstand vor circa 3,5 Milliarden Jahren. Das einzigartige Landschaftsbild der Lofoten mit spitzen, direkt aus dem Meer emporsteigenden Gebirgszügen, scharfen Graten, unübersichtlich verzweigten Fjordarmen und Meeresbuchten sowie tief eingeschnittenen Tälern im Landesinneren wurde einerseits durch den ständigen Wechsel von Meeresspiegelanstieg und -absenkung, andererseits durch die von Norden nach Süden verlaufenden Gletscherströme überformt und geprägt. Die Lofoten werden zu Recht mit einem im Meer versunkenem Gebirge verglichen, dessen Gipfel noch spitz aus dem Wasser herausragen und somit die einzelnen Inseln darstellen. Die Hauptinseln sind Austvågøya, Gimsøya, Vestvågøya, Flakstadøya, Moskenesøya, Værøy, Røst und der Südwesten von Hinnøya. Die Lofoten erstrecken sich über eine Länge von etwa 170 Kilometern und nehmen dabei 1227 Quadratkilometer ein.

Das milde, maritime Klima der Inseln ist auch eine Ursache dafür, dass sie zu einem der am stärksten frequentierten Punkte in ganz Norwegen zählen. Warme, regenarme Sommermonate mit Tgestemperaturen von bis zu 30 ° Celsius lassen oft vergessen, dass man sich auf gleicher geographischer Höhe mit Grönland, Alaska oder Nordkanada befindet. Hauptursache dieser klimatischen Gunst ist die wärmende Wirkung des Golfstromes.

Oben:
Leuchtend grüne Farne sind oft die ersten Boten des Frühlings, hier in Troms in Nordnorwegen.

Rechts:
In alten Holzhäusern in Kætjordbotn am Lyngenfjord ist ein Museum für alte Webkunst untergebracht.

EINZIGARTIGE PFLANZENWELT

Die Pflanzenwelt ist von einem direkten Nebeneinander verschiedenster Vegetationszonen auf engstem Raum geprägt. So können Moor- und Heideflächen in unmittelbarer Nachbarschaft des Strandes oder der Hochgebirgsregion (über 1260 Meter) auftreten. Dies ermöglicht die unvergleichliche Pflanzenvielfalt (circa 400 Pflanzenarten) der Inselwelt der Lofoten. Wegen der milden Winter ist es wärmeliebenden Pflanzenarten möglich, hier ihre nördlichsten Verbreitungsgegenden einzunehmen, während die relativ kühlen Sommer arktischen Pflanzenarten ihre südlichste Verbreitung ermöglichen.

AURORA BOREALIS – DAS POLARLICHT

Tromsø liegt auf 70° nördlicher Breite und mitten im aktivsten Bereich des Nordlichtes. Bereits seit 1930 liegt hier eine der wichtigsten Stellen für die Nordlichtforschung. Dadurch erhielten die mys-

tischen Deutungen eine wissenschaftliche Erklärung. Inuits sahen im Polarlicht angezündete Fackeln von bereits im Himmel weilenden Verwandten, damit die Seelen von Verstorbenen den Weg in den Himmel über schmale Brücken und tiefe Abgründe finden können. In Mitteleuropa tritt diese Himmelserscheinung selten auf, daher glaubten die Menschen beim Auftreten an eine Vorhersage für Krieg, Feuer, Seuchen und anderes Verderben. Die wissenschaftliche Erklärung ist eher nüchtern. Im Inneren der Sonne herrschen mehrere Milliarden Grad Celsius. Bei Eruptionen werden große Mengen Gas freigesetzt und in den Weltraum geschleudert. Die Teilchen, die das Nordlicht bilden, strömen um den magnetischen

Nordpol in einem schmalen Band und bilden so das Nordlichtoval. Die dadurch bewirkte Teilchenströmung (Sonnenwind) presst dieses Oval zur Nachtseite der Erde. Mit Beginn der Abenddämmerung wird Tromsø in diesen Bereich hineingedreht und die natürliche „Lightshow“ kann beginnen. Zunächst treten grün phosphoreszierende Lichter auf, die sich dann zu immer neuen Bögen entzünden und wie ein kosmischer Hagelschauer in die Atmosphäre eintreten. Ein alter Aberglaube besagt, dass, wenn man dem Nordlicht winkt, es auf die Erde kommt und den Winkenden holt.

DIE MITTERNACHTSSONNE

Ein unvergleichliches Naturschauspiel bietet sich dem Nordlandreisenden nur im Sommer – die Mitternachtssonne. Am 21. Juni taucht die Sonne nicht unter den Horizont. Gegen Abend senkt sich die Sonne im Westen, verschwindet jedoch nicht, sondern steigt langsam wieder auf. Die Abenddämmerung geht nahtlos in die Morgendämmerung über. Die Zeit, in der die Sonne länger als 24 Stunden nicht untergeht, wird als Polartag bezeichnet. Die unterschiedlich langen Tage werden von der Neigung der Erdachse gegenüber der Umlaufebene der Erde um die Sonne verursacht. Die Folgen dieser Neigung (23,5°) sind der wandernde Zenitstand der Sonne zwischen den Wendekreisen, der unterschiedliche Einfallswinkel der Sonnenstrahlung und die variierende Sonnenscheindauer vor allem in den höheren Breiten. In den Gebieten innerhalb der Polarkreise geht die Sonne während des Polartages nicht unter. Die Dauer des Polartages (und der Mitternachtssonne) ist von der jeweiligen Breitenlage des Beobachtungspunktes abhängig. Sie liegt zwischen 24 Stunden an den Polarkreisen und einem halben Jahr über den Polen. Das Pendant zum Polartag ist die Polarnacht. Entsprechend ist dies die Zeit im Winter, in der die Sonne nicht über den Horizont klettert.

Oben:
Im Saltfjord kann man das Naturschauspiel des Mahlstroms beobachten. Durch die Gezeiten wird das Wasser durch die Meerenge in den Fjord gepresst und bildet so Wirbel.

Links:
Eine düstere Gewitterstimmung herrscht bei dieser Überquerung des Polarkreises per Fähre zwischen Kilboghamn und Vågahamn.

Oben:
Eingebettet zwischen der schroffen Küstengebirgskette und dem von den Gletscherströmen der letzten Eiszeit überformten Flachufer liegt der Fährhafen von Skutvik. Das Bad im türkisen Wasser ist allerdings nur etwas für hartgesottene Wikingernaturen.

Rechts:
Boten des Frühlings kommen erst spät an die geschützteren Stellen des Waldes am Aldersund in Nordnorwegen.

Links:
Sehr häufig anzutreffen in Nordnorwegen sind solche freistehenden Gehöfte wie hier bei Forvik am Stokkafjord. Häufig wird Fischerei und etwas Landwirtschaft im Nebenerwerb betrieben.

Unten:
Auf ihrer Reise entlang der norwegischen Küste kommen die Schiffe der Hurtigrute auch nach Risøyhamn. Der Ort liegt im Süden der Insel Andøya, die zur Inselgruppe der Vesterålen gehört.

Links oben:
Winterliche Abendstimmung über Mosjøen. Am südlichen Ende des Vefsnfjords gelegen, bildet der Ort das Zentrum der Kommune Vefsn. Neben der Holzverarbeitung dominiert ein großes Aluminiumwerk das wirtschaftliche Geschehen der Stadt.

Links Mitte:
Anhand des Wechsels von spitzen Gipfeln und abgerundeten Hügelkuppen wie hier zwischen Bognes und Narvik lässt sich erkennen, wo sich die Gletscherströme einst ihren Weg gebahnt haben.

Links unten:
Die Hafenstadt Narvik ist vor allem wegen ihrer Bedeutung als Erzverladehafen bekannt geworden. Da der Hafen aufgrund des wärmenden Golfstroms das ganze Jahr über eisfrei bleibt, befand sich hier der ideale Ausgangspunkt, um die aus dem schwedischen Kiruna stammenden Erze zu verschiffen.

Unten:
Im Winter die komfortabelste Art und Weise, zu Lande den Polarkreis zu überqueren, ist eine Fahrt mit dem Zug, der Trondheim und Bodø miteinander verbindet. Die Streckenführung verläuft über weite Teile parallel zur E 6, der berühmten Straße hinauf in den hohen Norden.

Die Küste bei Grimstad in Nordland um 23.30 Uhr – ein Fest der Farben und Formen. Hier trifft man auf die Magie des Nordens.

Himmel, Meer und Küste – das milde Licht einer Sommer nacht verursacht eine ganz besondere Abendstimmung bei Stokkvågen (Kystfort).

Seite 116/117: Faszination Mitternachtssonne. Besonders auf den Lofoten wie hier bei Eggum verbinden sich die unglaublich intensiv leuchtenden, von der Mitternachtssonne noch zusätzlich verzauberten Farben der Natur mit den markanten Kulissen der schroffen Bergwelt der Lofoten. Ein Fest der Sinne!

Oben:
Weitläufige einsame Buchten mit feinem Sand, kristallklares Wasser – auch das ist Norwegen, hier auf den Lofoten. Da sollte auch das circa 15 Grad kalte Wasser nicht abschrecken.

Rechts:
Kleine Häusersiedlung am Selfjord auf den Lofoten. Die enorm lange Sonnenscheindauer während des Sommers in Verbindung mit der Wärmewirkung des Golfstromes ermöglicht hier eine relativ üppige Vegetation.

Links:
Die steilen, überwachsenen Hänge der Lofotberge bilden häufig eine fast schon unwirklich erscheinende Kulisse in satten Grüntönen. Tiefe Erosionsrinnen zernagen nach und nach das harte Gestein der Lofoten.

Unten:
Die Fischerei am Selfjord hat eine lange Tradition. Überwiegend Dorsch und Seelachs werden mit dicken Nylonleinen, die mit mehreren Haken bestückt sind, aus dem Meer geholt.

Unten:
Ein typisches Landschaftsbild auf den Lofoten – wie hier bei Vonheim auf der Insel Vestvågøy verbinden zahllose Brücken die vielen großen und kleinen Inseln der Lofotenkette.

Rechts oben:
Klein in der weiten Natur Norwegens wirkt die leuchtend weiße Kirche von Sildpollen auf den Lofoten.

Rechts Mitte:
Besonders bei Urlaubern sehr beliebt sind die meist schlichten „Rorbuer“, idyllische kleine Holzhäuser, die noch heute zum Teil als Fischerhütten dienen, hier zwischen Reine und Hamnøy.

Rechts unten:
Eine Besonderheit ist der alte malerische Fischerort Nusfjord. Die gesamte Ortschaft wurde 1980 an die Familie Jentoft verkauft, die sich ausschließlich mit der Fischerei beschäftigt. Nusfjord wurde auch in die UNESCO-Liste der zu erhaltenden Kulturdenkmäler aufgenommen.

Seite 122/123:
Reine gehört mit circa 800 Einwohnern schon zu den großen Orten der Lofoten, was dem malerischen Dorfbild aber nicht schadet. Der deutsche Altkanzler Helmut Schmidt verbrachte hier häufig seinen Urlaub.

Unten:
Nach dem Fang wird der Dorsch ausgenommen und geköpft. Je zwei, an den Schwanzenden zusammengebundene Fische werden dann für circa drei Monate zum Trocknen aufgehängt. Die behängten Trocknungsgestelle sind oft schon lange, bevor sie zu sehen sind, deutlich wahrzunehmen ...

Kleine Bilder rechts:
Starke Stürme und schwere See machen den Fischern vor allem während der Dorschsaison im Winter zu schaffen. Früher kamen zur Saison häufig über 6000 zusätzliche Fischerboote auf die Lofoten, um sich den lukrativen Fang nicht entgehen zu lassen. Nachdem der Fisch an Bord gehievt worden ist, wird ihm die Hauptschlagader durchtrennt und er wird in großen Bottichen zum Ausbluten zwischengelagert.

DELIKATESSE DES MEERES – LACHS

Oben:
An vielen Flüssen wird es für die Lachse immer schwieriger, die Oberläufe der Flüsse zu erreichen, in denen sie sich paaren wollen. Während die Fische mit hohen Sprüngen Wasserfälle überwinden können, stoßen sie bei Staustufen und Wasserkraftwerken an ihre Grenzen.

Rechts Mitte:
Lofotenfischer auf Dorschfang bei Henningsvær. Unmittelbar nach dem Fang wird der Dorsch geschlachtet, ausgenommen und geköpft.

Unten:
Alles über den „König der Fische" erfährt man im Lachsmuseum in Lårdalsøry in der Provinz Sogn og Fjordane.

Jeder Gourmet wird in Norwegen beim Fischessen nicht nur in den Luxusrestaurants voll auf seine Kosten kommen, auch in einfachen Landgaststätten ist das Qualitätsniveau sehr hoch. Der atlantische Lachs (Salmo salar, Laks, Atlantic Salmon), frisch, geräuchert oder in Kräutern gebeizt („gravad") ist dabei immer etwas Besonderes. Der Lachs lebt anadorm, das bedeutet, dass der Fisch im Süßwasser ausschlüpft, um dann nach einigen Monaten mit der nächsten Schneeschmelze seinen Geburtsfluss in Richtung Meer als so genannter „Smolt" zu verlassen. Dort beginnt der bereits silbrig glänzende atlantische Junglachs eine mehrjährige Wanderung in Richtung Grönland. Als Nahrung dienen ihm hierbei überwiegend Krustentiere, die die Rotfärbung des Lachsfleisches verursachen. Die kapitalsten Lachse, und das ist kein Anglerlatein, können bis zu 1,50 Meter groß werden und ein Gewicht von bis zu 35 Kilogramm erreichen. Nach 3 bis 4 Jahren ist der Lachs geschlechtsreif und beginnt seine Laichwanderung zurück zur norwegischen Küste. Dabei gelingt es ihm aufgrund eines sehr hochentwickelten Geruchs- und Orientierungssinnes, genau in den Fluss zurückzukehren, in dem er selbst geboren wurde.

ALTERNATIVE AQUAKULTUR

Überfischung und Umweltverschmutzung dezimierten die Lachsbestände der norwegischen Gewässersysteme in den letzten Jahrzehnten vehement. Damit aber die Köche nicht auf den König der Fische verzichten müssen, wurde Mitte der 70-er Jahre das Fishfarming als Element der kommerziellen Aquakultur sehr stark gefördert. In Aufzuchtanlagen vorgezogene Junglachse werden hierbei in schwimmenden Netzkäfigen (so genannten „cages") im Meer ausgesetzt und kultiviert. Nachdem Ende der 80-er Jahre die Lachszucht immer wieder aufgrund negativer ökologischer Umwelteinflüsse und hohem Antibiotikaeinsatz für

Negativschlagzeilen gesorgt hatte, muss heute das damals entstandene Bild revidiert werden. Deutlich verringerte Besatzdichten der Netzkäfige, eine streng kontrollierte Vergabe von Lizenzen für Zuchtstandorte, die Züchtungen besonders widerstandsfähiger Lachsstämme, die Optimierung der Futtermittelzusammensetzung und -verwendung in Verbindung mit strengen Futterquoten haben dazu geführt, dass die norwegische Lachszucht heute als eine der wohl ökologisch verträglichsten und nachhaltigsten Formen der intensiven Tierzucht bezeichnet werden kann.

Oben:
Die norwegische Küste bietet aufgrund ihrer natürlichen Beschaffenheit ideale Voraussetzungen für die Aquakultur. Hauptsächlich atlantischer Lachs wird in solchen Farmanlagen gezüchtet.

Links:
An Land werden die Dorsche zum Trocknen auf Gestelle gehängt. Über 90 Prozent des Trockenfisches wird nach Italien, der Rest nach Afrika exportiert. Kenner unterscheiden über 100 verschiedene Qualitätsstufen des Stockfisches.

Links:
Neben den alten Hansehäusern ist der Fischmarkt von Bergen eine weitere Hauptattraktion der Hansestadt. Häufig verzehren Feinschmecker die fangfrischen „Reker" (Krabben) noch direkt am Hafen.

FISCHEREI ALS ZWEITGRÖSSTER WIRTSCHAFTSFAKTOR

Weltweit nehmen die Fischfarmen Norwegens mit einer Produktionsmenge von 410 000 Tonnen Zuchtlachs im Jahr 2001 die führende Position unter den Erzeugerländern ein. Im Land sind rund 14 000 Menschen im Bereich der Fischzucht und der angeschlossenen Weiterverarbeitung beschäftigt. Besonders gefördert wurde die Lachszucht von Seiten des Staates, da durch diese Wirtschaftsform das traditionelle Fischertum in den entlegenen Küstenregionen Mittel- und Nordnorwegens wiederbelebt werden konnte. Eine verstärkte Abwanderung in den Süden konnte so zumindest eingedämmt werden. Heute stellt die Fischerei gemessen am Anteil des Bruttoinlandproduktes nach der Erdölindustrie den bedeutendsten Wirtschaftsfaktor dar. Hinsichtlich der Wertschöpfung hat der gesamte Bereich der marinen Aquakultur inklusive Muschelzucht in Norwegen die Fangfischerei bereits überholt.

Neben traumhaften Stränden bietet die Vogelinsel Bleik auf den Vesterålen auch ein Paradies für Ornithologen. Mit etwas Glück trifft man auf Papageientaucher oder Dreizehenmöwen.

Von Andenes am Nordende der Vesterålen aus werden Walsafaris angeboten. Von hier aus kann innerhalb weniger Stunden das Reich Moby Dicks erreicht werden. Vor dem Abtauchen der Wale ergeben sich dann atemberaubende Motive.

Über die Fährverbindung Fiskebøl – Melbu gelangt man von den Vesterålen auf die Lofoten und kann, wenn man Glück hat, neben der Aussicht auch die Sonne genießen.

Andenes liegt im Norden der zu den Vesterålen gehörenden Insel Andøya. Der Ort ist Ausgangspunkt für Walsafaris und Sitz eines Walzentrums, das über die großen Säugetiere und ihr Verhalten informiert.

Mitternachtssonne am Lyngenfjord östlich von Tromsø. Im Frühsommer wird der Stockfisch von den Trocknungsgestellen abgenommen und, nach Größe sortiert, in den Süden Europas exportiert.

Sonnenuntergang um 23.30 Uhr am Lyngenfjord in der Provinz Troms (Nordnorwegen). Bis weit in den Sommer hinein hält sich der Schnee in den steil aufragenden Bergen am Ufer des Fjordes.

Links oben:
Architektonisch erinnert das moderne Rica Ishavshotel, das schön am Hafen von Tromsø gelegen ist, an eine Schiffsbrücke.

Links unten:
Im Zentrum Tromsøs befindet sich die 1861 vollendete Kathedrale, eine der größten Holzkirchen des Landes. Sehenswert sind die Glasmalereien von Per Vigeland.

Unten:
Tromsø ist die größte Stadt Nordnorwegens, Provinzhauptstadt, bedeutendes Fischverarbeitungszentrum und Sitz einer Universität.

Auffällig im Stadtbild ist die über einen Kilometer lange Hochbrücke sowie die moderne Tromsdalen Kirke (Eismeerkathedrale), die 1965 erbaut wurde.

Unten:
Besonders im Winter kann man auf der Hurtigrute die Ruhe der vorbeiziehenden Landschaft genießen. Reisende nutzen diese Zeit, um ohne großen Trubel die schönste Seereise der Welt zu erleben.

Rechts oben:
Eine weiße Kirche in weißer Landschaft grüßt in Lenvik die vorbeifahrenden Postschiffe der Hurtigrute.

Rechts Mitte:
Tromsø wird auch als „Tor zur Arktis" bezeichnet, da von hier aus zahlreiche Expeditionen in den hohen Norden starteten. Diesem Umstand wird im Polarmuseum Rechnung getragen, in dem unter anderem eine Selbstschussanlage für Eisbären gezeigt wird.

Rechts unten:
Keine alten Felszeichnungen, sondern ein modernes Graffiti auf einem Felsen bildet einen bunten Tupfen in der Landschaft bei Narvik (Troms).

Links oben und unten:
In der Gemeinde Kautokeino in der Finnmark beträgt der Anteil der samischen Bevölkerung über 80 Prozent. Das bedeutendste Fest des Jahres ist hier Ostern. Hierfür werden die aufwändig verzierten Trachten getragen, deren Grundfarbe zumeist Rot ist. Zu den Trachten trägt man prächtigen Silberschmuck.

Links Mitte:
Die meisten Samen haben ihre nomadische Lebensweise längst aufgegeben. Mit dem Motorrad oder dem Helikopter überwachen sie die Herden der halbwilden Rentiere.

Unten:
Haupteinnahmequelle der wenigen noch nach den alten Traditionen lebenden Samen ist nach wie vor die Rentierzucht. Neben der Fleischerzeugung dienen die Rentiere im Winter auch zum Ziehen von Schlitten, wobei sie besser mit tiefem Schnee zurechtkommen als ihre Kollegen, die Schlittenhunde.

Rechts:
Hammerfest ist nach Alta die zweitgrößte Stadt Finnmarks. Nachdem die Stadt 1944 von den deutschen Truppen dem Erdboden gleich gemacht worden war, wuchs die Stadt aufgrund ihrer günstigen Lage nach dem Zweiten Weltkrieg wieder sehr schnell. Wirtschaftlich dominiert die Fischindustrie.

Unten:
Der Porsangerfjord in der Provinz Finnmark gehört zu den großen Fjorden Norwegens. Endlos scheinende Hochflächen, durchsetzt mit Sträuchern und verkrüppelten Bäumen, prägen das Bild dieser nördlichsten Provinz.

Oben:
Trotz der Nähe zum Nordkap bleibt der idyllisch gelegene Fischerort Gjesvær auf Magerøy von den Besucherströmen weitgehend verschont.

Links:
Landschaftlicher Höhepunkt etwas außerhalb von Alta ist die so genannte „Altaschlucht“, in der sich die Alta-Elva tief eingegraben hat. Sie ist der größte Canyon Nordeuropas.

DIE URBEVÖLKERUNG NORDSKANDINAVIENS – SAMEN

Oben:
Heutzutage tragen die Samen ihre farbenfrohen Trachten meist nur noch an hohen Feiertagen, hier in Kautokeino, dem Zentrum der samischen Kultur in Norwegen.

Oben rechts:
Auch die charakteristischen Hauben gehören zu der traditionellen Tracht der Samen in Kautokeino.

Mitte:
Bis ins kleinste Detail sind die Stoffe der samischen Trachten liebevoll gestaltet und gewebt. Der Grundton ist zumeist ein warm leuchtendes Rot.

Die Samen sind heute eine ethnische Minderheit in Norwegen, Schweden, Finnland und auf der Kola-Halbinsel mit rund 100 000 Angehörigen. Die Zahl der ehemaligen Urbevölkerung in Norwegen schätzt man auf etwa 40 000 bis 45 000. Seit 1980 hat sich die Rechtslage der Samen wesentlich verbessert. Dies kommt in einem Artikel des Grundgesetzes zum Ausdruck, der 1988 vom norwegischen Parlament verabschiedet wurde. Darin heißt es: „Es obliegt den Behörden des Staates, die nötige Voraussetzung zu schaffen, damit die samische Bevölkerungsgruppe die Möglichkeit erhält, ihre Sprache, ihre Kultur und ihr Gemeinschaftsleben zu wahren und zu entwickeln." Laut Samengesetz vom 12. Juni 1987 ist man Same, wenn man sich selbst als Samen auffasst und zusätzlich Samisch als Muttersprache hat, beziehungsweise, wenn man Großeltern mit der Muttersprache Samisch hat.

Das für deutsche Ohren schier unverständlich klingende Samische gehört zur finnisch-ugrischen Sprachfamilie wie auch Finnisch, Ungarisch und Estnisch. Nächste Verwandtschaft besteht zu den ostseefinnischen Sprachen. Dabei untergliedert sich das Samische in viele verschiedene Dialekte, so dass untereinander große Verständnisschwierigkeiten herrschen können. Über den Ursprung des Samischen gibt es eine Vielzahl von Theorien. Eine von diesen besagt, dass die Samen ursprünglich eine ganz andere Sprache, nämlich Protolappisch, gesprochen haben. Andere Theorien gehen von einer direkten Ableitung des Finnischen aus. Der Terminus „die samische Sprache" ist dabei an sich

schon irreführend, da heute von mindestens drei Sprachvarianten je nach Besiedlungsgebiet auszugehen ist. In Norwegen existiert seit einigen Jahren ein Gesetz, das samischen Kindern das Recht auf Unterricht in der Muttersprache bescheinigt.

Die samische Kultur ist deutlich von den früheren, traditionellen Erwerbsgrundlagen geprägt. Schon im 16. Jahrhundert entwickelte sich die Jagd auf wilde Rentiere mehr und mehr zur Rentierhaltung, mit dem Resultat, dass die Samen regelrechte Nomaden wurden. In unserer Zeit gibt es allerdings nicht mehr viele Samen, die als Nomaden leben: In Norwegen sind derzeit weniger als 10 Prozent der Samen Rentierhalter.

Einige Samenfamilien bieten „Einführungskurse" in die samische Lebensweise an. In Sapmi, dem größten samischen Themenpark Norwegens im Bezirk Finnmark, werden die Besucher durch authentische samische Gebäude geführt, im Rentiergehege lernt man, wie die Samen Lasso werfen und eine moderne Multimediashow bietet reichlich Informationen über Geschichte, Kultur und Heimat der Samen. Dort lernt man auch das wichtigste und oberste Gebot für den Umgang mit dem ehemaligen Naturvolk: Strengster Verzicht auf die Bezeichnung „Lappen", denn diese wird in allen Fällen als diskriminierend und beleidigend empfunden.

Innerhalb Norwegens ist die Sonderstellung der samischen Minderheit nicht ganz unumstritten. Kritiker bemängeln die überproportionale politische Stellung der samischen Vertretung im Storting, dem norwegischen Parlament, sowie die Höhe der Subventionsmaßnahmen. Ganz ohne Zweifel hat die heutige samische Lebensweise nur noch sehr wenig mit den nomadischen Traditionen ihrer Vorfahren zu tun. Hubschrauber und geländegängige Motorräder sind gängige Bestandteile der modernen Rentierhaltung. Ohnehin wählen nur noch sehr wenige junge Samen diese traditionelle Lebensweise. Die Samen von heute suchen in den Ballungsgebieten Südnorwegens oder in den großen Küstenstädten Arbeit.

Oben:
Gegen die Kälte schützten die größeren Kinder warme Jacken und Mützen aus Rentierfellen.

Ganz oben :
Warm verschnürt wurden die Kleinkinder in Rentierfelle, so dass ihnen die Kälte nichts anhaben konnte und sie leicht zu tragen waren.

Ganz oben links:
Was auf dieser Aufnahme idyllisch aussieht, war in Wirklichkeit ein hartes Leben mit und gegen die Unbillen der Natur.

Tief hängende Regenwolken über dem Wasser, leuchtende Sonne über dem Land. Innerhalb kürzester Zeit kann das Wetter umschlagen, hier bei Nesseby in der Provinz Finnmark.

Im Stabbursdalen in der Provinz Finnmark wächst der nördlichste Kiefernwald der Welt. Zum Schutz des Waldes wurde das Gebiet als Nationalpark ausgewiesen.

Seite 144/145:
Geschützt im Mündungsbereich des Vestre Jakobselv im Gebiet des Varangerfjordes liegen die kleinen Fischerboote. Der Varangerfjord ist der größte Fjord Norwegens.

Oben:
Båtsfjord wird von der Wintersonne in Rottöne getaucht. Während der Wintermonate wird es in dieser Breitenlage nicht heller.

Rechts:
Da hier im hohen Nordosten des Landes der wärmende Golfstrom deutlich an Wirkung verliert, vereisen die Häfen wie hier in Båtsfjord sehr schnell.

Links:
Zahlreiche russische Schiffe laufen den Hafen von Båtsfjord an der Varangerhalvøya an. Die russischen Seeleute sind die Kälte des norwegischen Nordens gewohnt.

Unten:
Mittagsstimmung im winterlichen Båtsfjord. Dicht gedrängt liegen die russischen Fangschiffe im Hafen.

Rechts:
Die Hafen- und Industriestadt Kirkenes liegt an der Südseite des Varangerfjordes. Die russische Grenze verläuft nur wenige Kilometer vom Stadtzentrum entfernt. So beeindruckend sich hier die Mitternachtssonne im Sommer darstellt, umso dunkler ist die lange Winterzeit, in der die Sonne nicht aufgehen will. So werden die Straßen künstlich beleuchtet.

Oben und ganz oben:
Das Nordlicht – nur in besonders klaren Winternächten ist dieses Naturschauspiel zu beobachten. Es entsteht durch die elektrische Korpuskularstrahlung der Sonne, die vom Magnetfeld der Erde erfasst wird. In Höhen zwischen 100 und 1000 Kilometer werden so diese beeindruckenden Leuchtprozesse in der dünnen, ionisierten Atmosphäre ausgelöst.

Rådhusgata

Unten:
Ganz ohne Zweifel muss man die Einsamkeit lieben, um hier im Winter leben zu können: Haus am Leirpollen nahe Leirpollenskogen am Tanafjord in der Provinz Finnmark.

Rechts oben und unten:
Die norwegische Antwort auf die Cowboys des Wilden Westens. Im Winter kümmern sich die Samen mit Motorschlitten um ihre Rentierherden.

Rechts Mitte:
Die Straße zwischen Båtsfjord und Tana bru führt über das weite Båtsfjordfjell. Der weiße, umherwehende Schnee mischt sich am Horizont mit der Rotfärbung des Himmels.

Unten und rechts:
Obwohl das Kap Knivskjelodden und die Felsformation Nordkinn noch etwas nördlicher liegen, wird das Nordkap als nördlichster Punkt Europas bezeichnet. Auf dem dunklen Schieferplateau, das über 300 Meter steil ins Meer hinab abfällt, wurde in den 70-er Jahren der berühmte Nordkap-Globus aufgestellt. Die Mitternachtssonne sieht man hier vom 14. Mai bis zum 30. Juli.

REGISTER

Europäisches Nordmeer
NORWEGEN
SCHWEDEN
FINNLAND
RUSS-
LAND
Nordkap
Gamvik
Båtsfjord
Hamningberg
Vardø
Magerøya
Honnings-
våg
Havøysund
Varanger-
halvøya
Vadsø
Varangerfjord
Olderfjord
Tana-Bru
Hammerfest
Kirkenes
Sørøya
Sørøysund
Stabburs-
dalen N.P.
Lakselv
Kvænangen
Alta
Karasjok
Inarijärvi
Øvre
Pasvik N.P.
Kaamanen
Skjervøy
Finnmarks-
vidda
Tromsø
Øvre Anar-
jokka N.P.
Skibotn
Kautokeino
Senja
Finnsnes
Kilpis-
järvi
Andenes
Andselv
Vesterålen
Anderdalen N.P.
Karesuando
Harstad
Sortland
Narvik
Lofoten
Svolvær
Kiruna
Skutvik
Moskenes
Vestfjord
Rovaniemi
Gällivare
Fauske
Bodø
Jokkmokk
Kemi
Storjord
Saltfjellet
Svartisen N.P.
Luleå
Oulu
Mo i Rana
Dønna
Sandnessjøen
Mosjøen
Trofors
Storuman
Meerbusen
Børgefjell N.P.
Vikna
Rørvik
Umeå
Nordli
Åsele
Namsos
Grong
Strömsund
Steinkjer
Brekstad
Trondheimsfjord
Hitra
Stjørdal
Östersund
Trondheim
Kristiansund
Støren
Sundsvall
Tampere
Bottnischer
Molde
Oppdal
Røros
Åndalsnes
Femunds-
marka N.P.
Ålesund
Dovre-
fjell N.P.
Tynset
Sveg
Ørsta
Drevsjø
Dombås
Rondane N.P.
Söderhamn
Turku
Måløy
Nordfjord
Otta
Åland
Jostedals-
breen N.P.
Jotun-
heimen N.P.
Vinstra
Nyberg-
sund
Florø
Glåma
Østerdalen
Mora
Gävle
Førde
Sogndal
Lågen
Gudbrandsdalen
Lillehammer
Lavik
Lærdalsøyri
Hamar
Sognefjord
Geilo
Gol
Gjøvik
Uppsala
Voss
Ludvika
Hardangerfj.
Vøringfossen
Numedal
Kongsvinger
Västerås
Bergen
Oslo
Lillestrøm
Stockholm
Hardanger-
vidda N.P.
Odda
Drammen
Karlstad
Örebro
Skånevig
Kongsberg
Seljord
Haugesund
Telemark
Fredrikstad
Skien
Norrköping
Valle
Larvik
Prekestolen
Setesdal
Stavanger
Sandnes
Arendal
Gotland
Egersund
Kristiansand
Lyngdal
Jönköping
Mandal
Göteborg
Skagerrak
Kap Lindesnes

IMPRESSUM

Buchgestaltung
Förster Illustration & Grafik, Würzburg

Karte
Fischer Kartografie, Fürstenfeldbruck

Printed in Germany
Repro: Artilitho, Trento, Italien
Druck/Verarbeitung: Offizin Andersen Nexö, Leipzig

ISBN 3-8003-1570-X

Das Nordkap als nördlichster Punkt Europas und magischer Anziehungspunkt für Norwegenbesucher liegt auf 71° 10' 21" nördlicher Breite und 25° 47' 40" östlicher Länge.